寻找网络民意

网络社会心态研究〔第一辑〕

郑雯 | 桂勇 | 黄荣贵 著

华夏出版社
HUAXIA PUBLISHING HOUSE

图书在版编目（CIP）数据

寻找网络民意:网络社会心态研究.第一辑 /郑雯，桂勇，黄荣贵著.—北京：华夏出版社有限公司，2017.10（2023.1重印）

ISBN 978-7-5080-9328-4

Ⅰ．①寻… Ⅱ．①郑… ②桂… ③黄…Ⅲ．①互联网络-舆论-研究-中国 Ⅳ．①G219.2

中国版本图书馆 CIP 数据核字(2017)第 237499 号

版权所有 翻印必究

寻找网络民意：网络社会心态研究 （第一辑）

作　　者	郑雯　桂勇　黄荣贵
策划编辑	马颖
责任编辑	马颖
出版发行	华夏出版社有限公司
经　　销	新华书店
印　　刷	三河市少明印务有限公司
装　　订	三河市少明印务有限公司
版　　次	2017 年 10 月北京第 1 版　2023 年 1 月北京第 3 次印刷
开　　本	710×1000　1/16 开
印　　张	14.75
字　　数	200 千字
定　　价	49.80 元

华夏出版社有限公司　地址：北京市东直门外香河园北里 4 号　邮编：100028
网址：www.hxph.com.cn　电话：（010）64663331（转）
若发现本版图书有印装质量问题，请与我社营销中心联系调换。

"网络社会心态研究"
系列丛书

丛书主编: 李良荣　桂　勇

参与本书的撰稿团队

郑 雯　桂 勇　黄荣贵

辛艳艳　杨 媛　李博璠

刘合潇　郭文丰　方师师

余 慧　李秀玫　马卫红

朱 逸

"网络社会心态研究"系列丛书序

中国社会正步入经济新常态的阶段。研究这一历史阶段的社会心态演进，构成了分析新常态背景下可能出现的社会政治问题的一个重要框架，有助于我们在精神层面赋予中国发展道路以完整的价值和意义，加深对中国的把握和理解。从现实层面看，民心向背直接关系国家稳定，社会心态研究可以为国家有效地处理可能出现的社会失衡局面提供基础信息和预判机制，已成为当前重要的时代课题。

作为社会心态研究的两个主要面向，网络社会心态与现实社会心态既有联系又不等同。网络社会心态无法脱离现实社会的身份束缚，却有其独特的运行逻辑。二者不是简单的并列或延伸关系，而是相互嵌入、相互建构，共同构成整体社会心态的重要组成部分（余建华，2014）。

我们认为，研究和把握新常态历史时期的中国网络社会心态，具有独到的学术和现实价值：

第一，互联网已成为社会转型期的社会心态的重要呈现场域和主要交锋平台，在不同意见相互激荡、多种力量合纵连横的网络环境中，纷繁复杂的社会心态极易通过互联网快速蔓延、发酵和放大（常倩，2012；Stieglitz & Linh，2013），集结超出现实人群集会数量千百倍的超大规模社群，形成规模巨大、破坏力和建设力均极为可观的强势集团（杜骏飞等，2015），导致用户在意识形态、价值观和态度等方面的极化（Wu，2014；Yardi & Boyd，2010）。不仅如此，面对外部刺激，网络用户往往会投入强大的心理能量作出反应，并具有比普通人群更高的从情绪到行为的转变概率。在这个意义上，网络社会心态不仅成为判断意见强度的新指标，更可能蕴涵远超出现实社会心态的社会能量，成为社会变迁的一个动力源（桂勇等，2015）。

第二，在中国的经济新常态这一特定历史阶段开展网络社会心态研究，对把握现实社会与网络社会中的关键群体具有特殊意义。一方面，伴随着互联网用户激增，农村、弱势、边缘阶层的网络用户，以及新生代（90后、00后）和年老的人群比例会继续加大，这些网络上不断成长的用户群，恰恰是经济新常态环境下最值得关注的现实人群，在特殊时期通过互联网加速集结；另一方面，个体心态通过群体动态机制在网络上形成具有代表性的不同意识形态群体，在趋同类聚或同质分类的过程中，形成"网络极端情绪群体"，跳出现实社会群体划分，建构新的在线社群结构（Huang & Sun, 2014）。研究网络社会心态，有利于我们把握中国社会转型中的关键群体，有助于我们在现实社会和虚拟社会的比较中，更加全面完整地把握网络社会结构的动向。

第三，互联网为我们研究社会心态提供了极大的便利，为传统问题提供了新的研究语境，也为研究者提供了更为便利的研究条件和更加丰富的数据资源。网络社会心态能够被互联网使用的痕迹完整地捕捉到，运用网络不仅使我们可以通过"网络民族志"研究，对某一群体的文化、价值观、网络行动模式加以观察，相对真实地收集资料、还原社会心态原貌；还可以基于系统的海量数据对非正式沟通的流向、观点在不同社会群体之间的传播以及网络社群结构进行观察或作出合理的推断（法雷尔，2013）；更有学者已将网络社会心态研究拓展到多学科交叉领域，如探索社会情绪与财政经济学的关系（Nofsinger, 2005），将推特心态作为"股票市场预测器"（Bollen, Mao & Zeng, 2011）等。网络社会心态研究是一个充满潜力和张力的新兴研究领域。

总的来说，学界在现实社会心态研究方面虽已积累了不少成果（Maio, 2003；周晓虹，2009），但受线下调查方法的限制，相对忽视了网络社会作为社会基础性存在方式对社会心态的影响。2014年，我们开展"中国网络社会心态调查"之前，在中国知网以"网络社会心态"为关键词进行搜索，结果显示只有少数几篇文献；即便以"网络"和"社会心态"作为共同搜索词，所得文献也不过十余篇。这些现有研究散见于多个研究领域，包括对网络流行语词表达现象的研究（潘泽泉，李超锋，2010）、网络舆情频发相关非理性心态研究（李玉娟，2012）、网络意识形态研究（乐媛、杨伯溆，2009）等。大批网络舆情研究聚焦于短期的"事件或议题"的分析，未能实现以"人"（网络用户）为本的深层次心态研究，相对系统的网络社会心态整体性分析框架尚未形成。

那么，网络社会心态研究应该是什么样的？网络社会心态研究可以从哪些方面展开，可能的关键点又在哪里？对此，我们提出如下几点初步的设想。

第一，要有理论梳理和分析框架建构，通过跨学科合作来解决问题。

中国的网络社会心态研究正处于初期积累阶段，散见于网络舆情研究、网络社会思潮研究、网络表达研究等诸多领域，其内涵、外延、测量标准、逻辑起点、与现实社会心态的关系、对社会变迁的影响等亟待整合梳理、建构发展。为了建构整合性的分析概念框架，我们需要汲取新闻传播学、社会学、社会心理学、政治学等学科的研究成果，以综合的视角审视现有研究，为整合研究路径打下坚实的理论基础。

第二，网络社会心态不是网络舆情，研究者需要转换思路，投入大量人力物力，扎扎实实做好历史记录，完成新常态背景下中国网络社会心态的长期追踪。

在我们看来，网络社会心态研究不同于现有大量网络民意或网络舆情研究聚焦"事件/议题"的研究路径。如何从聚焦短期效应、容易产生"污染"民意和群体极化现象的舆情研究，转向以网络用户个体为中心、具有相对稳定性的网络表达为研究对象的研究路径，是我们近年一直在探索的重点。我们尝试过依托网络用户个体在网络上自然呈现的内容，运用人工编码，在相当长的时间里对固定微博用户所发全部博文进行整体性分析；也开始尝试运用大数据的方法，对微博数亿条信息展开机器学习。这些尝试的一个重要目标是：观察和探讨网络用户的深层心态与实际意愿，从宏观的网络社会视角呈现相对稳定的民意取向。

在这一思路的指导下，我们尝试在中国经济新常态这一特定的背景下，建构一个反映当代中国网络用户思想观念、具有历史记录意义的资料库，为深刻理解中国网络社会心态演进提供丰厚坚实的数据资料基础，包括：(1) 连续3到5年收集数十类社会职业的网络用户数据库，覆盖专业技术人员、私营企业主、党政军体制内工作者、知识分子群体、社会底层群体、商界精英与高资产人士、自由职业者等；(2) 连续3到5年分析新浪微博上亿条随机抽取博文的社会心态和社会思潮动向；(3) 连续3到5年开展覆盖不同社会群体的线下真实个人的深度访谈和观察报告等。

第三，重视结构分析，呈现基于心态的网络社群结构，并阐明网络社会心态所反映的时代特征。

网络社会心态具有独有的表达和演进逻辑，不仅表现在社会心态的呈现上，更体现在由社会心态聚合而成的虚拟社群结构中。研究网络社会心态的一大优势在于，线上数据具有比线下问卷数据更加丰富的层次结构。结合现实社会属性，通过海量数据挖掘不仅能追踪网络用户动态变化的社会心态，刻画出不同网络社群的价值偏好，亦能通过揭示网络社群观点形成、两级或多级聚合分化的过程和规律，系统呈现网络社群结构的时代特征，为促进网络社会的良性演进提供理论依据。

第四，要始终在现实社会与网络社会并存互构的关系中把握网络社会心态。

中国的新常态历史阶段，为社会心态变迁提供了丰富多元的社会环境。在此过程中，研究网络社会心态演进，不仅要呈现其特征、结构、变迁，更要在现实社会与网络社会的互动关系中，研究两者如何影响社会心态变化的深层机制，通过对生成机制、传播机制、扩散机制、冲突机制的种种辩证研究，思考作为一种社会存在形式的网络社会的新形态。

第五，要尝试探索趋势，关注网络社会心态对国家发展的影响。

网络社会心态不仅能折射社会现实，还对社会现实具有能动的反作用：凝聚抑或分化人心，传播正向的价值取向抑或输送负向的价值观念，整合或分裂群体关系，等等。研究特定历史时期网络社会心态演进的一个现实目标，是要将其应用到国家和社会的发展探索中。

总而言之，网络社会心态蕴涵着超出现实社会心态的社会能量，已成为社会变迁的重要动力源。研究新常态背景下的网络社会心态，需要我们将定性与定量方法相结合，线上数据（如微博、微信）与线下多元群体访谈相结合，横向群体结构比较和纵向历史变迁比较相结合，理论建构与实践应用相结合，系统地从理论、数据、结构、机制、影响等多个方面研究中国网络社会心态的演进过程及其对社会进程的潜在影响。相关研究将不仅为反映当前中国社会心态特征、趋势开拓一条新的研究路径，加深我们对中国网络用户、中国网络社会乃至中国民众心态的整体性理解，亦通过独特的视角在新的历史情境下寻求基于网络社会的创新性理论建构。

我们刚刚起步，有太多不足，希望在前行的道路上与同仁共勉。

李良荣、桂勇

2017年5月，复旦大学

目录
Contents

绪　论　现实世界能否影响网络社会　/ 1

上篇　中国网络社会心态调查报告

第一章　社会议题　/ 3
第一节　议题关注度与满意度　/ 3
第二节　反腐议题　/ 7
第三节　民生议题　/ 10
第四节　民族宗教议题　/ 24

第二章　社会情绪　/ 27
第一节　公平感与安全感　/ 27
第二节　希望与梦想　/ 31
第三节　仇官与仇富　/ 34
第四节　忧国情怀与拥趸潜质　/ 37

第三章　社会认同　/ 41
第一节　舒适幸福感　/ 41
第二节　阶层互识　/ 41
第三节　主观阶层认同　/ 43
第四节　网络抗议　/ 46

第四章　社会思潮　/ 49
第一节　文化态度与历史认知　/ 49
第二节　社会问题与群体立场　/ 53

第三节　对外关系与爱国主义　/ 59
第四节　政经预判与未来信心　/ 62

下篇　中国网络社会心态专题研究

第五章　群体　/ 67
第一节　中生代与新生代网络关注的代际差异　/ 67
第二节　专业技术人员及知识分子的网络表达　/ 80
第三节　底层群体与网络赋权：形式化增能与实质性缺失　/ 91

第六章　传播　/ 105
第一节　微博异质性空间与公共事件传播中的"在线社群"　/ 105
第二节　微博空间与公共精神的培育　/ 119

第七章　风险　/ 131
第一节　风险感知群体与网络抗议行为　/ 131
第二节　媒体信任是否影响我们对转基因食品问题的态度　/ 145

第八章　极端情绪与行为　/ 159
第一节　网络极端情绪人群的类型及其政治与社会意涵　/ 159
第二节　转型社会中的政治信任与网络抗议　/ 183

结　语　如何更加准确地把握网络民意　/ 195

参考文献　/ 199

后　记　/ 215

绪　论　现实世界能否影响网络社会

互联网革命性地影响着人类生活的方方面面，建构起全新的网络社会（network society）。从传播学意义上的"新媒介手段"和"传播工具"，上升为社会学意义上的"公共领域"、"互联网络"和"新的社会存在方式"，网络本身创造了不完全等同于现实社会的崭新的"时空"；另一方面，网络社会仍然是现实社会而非虚拟社会，作为一个有别于网下现实社会却又与之密切关联的网络社会，其现实性与虚拟性对立统一。网络社会既来源于现实社会又重构了现实社会，从而对经典传播学理论和社会学理论提出了挑战。

那么，网络社会与现实社会是如何相互连接的？对于这一问题，我们目前还知之甚少，更谈不上形成一个统一的解释框架。就中国而言，我们可以部分确定的是，互联网的发展除了在技术与经济领域带来巨大变革以外，对现实的社会结构与社会运行也带来了重要影响。这里列举两个例子：

（一）网络冲击着现实的人际互动。近十多年来，关于网络社会对现实社会影响的研究，不少集中于探讨"互联网是否使现实的人际关系更为疏离"这一问题。一些研究者提出"时间置换效应"，认为互联网的使用会占用个人的时间，从而减少个人与他人在现实中面对面交流的时间。但在实证上，这个问题比较复杂，很难说存在最后的定论。例如，也许网络互动的增加是因为现实中不喜欢参加人际互动的那些人所引起的，也许网络互动会带来线下熟人关系的进一步加强———一种可能性很大的情况是，近些年来信息技术的快速发展使得"老朋友"们拥有了增进彼此情谊的基本条件。笔者几年前对基于上海市的一份调查数据分析后发现：第一，使用互联网的行为可能有助于扩大并维持个人的现实的社会交往；第二，上网有助于建立虚拟的社会联系。这个发现并没有支持"时间置换效应"理论。不过，这项分析的数据是几年前的，移动互联网发展起来后情况可能不太一样。关键问题在于，人们对互联网的沉迷所挤占的是现实人际交往的时间，还是个人独处和娱乐的时间。无论如何都可以肯定的是，网络社会的形成与发展对现实的人际互动的数量和结构都产生了冲击，只是我们还不能确定这种冲击的具体方向与方式。

（二）在中国这样一个有着独特运行逻辑的社会中，近些年来蓬勃发展的移动互联网部分激发了人们的公共参与激情。第一，互联网降低了人们公共参与的成本。互联网信息发布与获取成本很低，从而对公共参与产生正面的影响。第二，互联网提升了人们的参与兴趣。网络的公开讨论让网络用户置身于多元化的政治观点中，公共参与的兴趣可能增加。第三，互联网可能提高人们的参与成就感。互联网与其他传统的媒体一样，可能促进内在政治效能的提升，而互联网的互动性与双向性更是传统媒体无法比拟的。上述三个问题，实际上意味着目前的网络社会上发生的一些事情类似于利益表达与协商民主的网络试验，而这一试验对社会成员的行为模式和价值观、对现有政治社会体系都可能产生长远的影响。

以上只是两个方面的例子。从学术研究的角度来看，对"网络社会与现实社会是如何相互连接的"这一问题的回答，我们还有很长的路要走。这是因为：第一，目前的相关研究主要以零打碎敲的方式在探讨问题，整体性的分析框架远未形成，诸如"网络社会与现实社会是否相互连接？它们是如何相互连接的？它们是基于什么原理连接的？"这样的问题，目前基本都没有共识性答案。第二，相对而言，目前关于网络空间对现实社会的影响的研究更为集中，更为明确，而关于现实社会如何影响网络空间的探讨，则由于观察视角的障碍、资料的缺乏等原因，还未得到很好的分析。

总体而言，研究现实社会对网络社会的影响，存在着观察视角与资料两个方面的障碍。

第一个障碍来自于观察视角。当我们整体性地探讨现实社会与网络社会的连接时，我们会发现，观察视角呈现出不对称的单向性——我们可以相对明确地看到网络社会对现实社会所产生的影响与冲击,但却很难直接观察到现实社会是如何渗透到网络社会之中的。这里面的根源,与网络世界的虚拟性和匿名性有关。网络世界的虚拟性和匿名性特征,使得网络世界更接近于一个"黑箱"。当研究者以一个本身处于现实世界之中的观察者的身份来观察两个世界的互动时,现实世界对他来说是相对明晰的,而网络世界相对不那么明晰,因此他能够相对轻松地观察到网络世界对现实世界的影响与冲击,而较难观察到现实世界对黑箱式的网络世界的影响与冲击。

第二个障碍可以看作第一个障碍在信息收集问题上的延伸及具体体现。从资料获取的角度来看,关于现实世界与网络社会如何连接的问题,存在两条可能的经验研究途径:

第一条途径是从现实社会出发,对现实中的个人(或其他分析单位)进行调研,以同时获得两方面的资料:有关研究对象的现实资料;研究对象在网络空间中采取的行动、所呈现的形象等信息。这条途径的优点是获得的信息比较全面,但缺点是成本过高,且通过现实的面访等方式去探究被访对象的网络表现的真实性、全面性可能受到相当大的限制。

第二条途径是从网络社会出发,充分收集研究对象在网络空间中采取的行动、所呈现的形象等信息。这条途径的优点是相比标准的社会调查而言,成本低,但也存在明显的缺点,如信息不全、信息不系统、信息真伪难以辨别。这使得研究者缺乏足够的资料(特别是有关被研究对象的现实信息)来分析现实背景对网络社会的影响。

与线下的调查相比,通过第二条途径获得的网络资料的确存在明显的不足,其中原因至少有两条:第一,现实人群不具有代表性。上网的人是特殊的,在网络上留下足供分析的信息的人更是特殊的(多数人是"沉默的");第二,信息可靠性有待甄辨。网络上的信息可能是有误的(如虚假信息),同时也可能是有偏的(如少数声音被放大)。与此同时,网络资料本身也有其相对于现实调查资料的优越性。现实的问卷调查所收集的数据具有相对完备、相对系统的特点,但这些资料并非被访者特征的自然呈现和完整表达,因为资料收集的方向与测量框架本身是由研究者设定的,这样调查的结果实际上也被研究者部分定义好了。在一定程度上,这种调查的客观性与测量效度受制于研究者及研究过程。而在网络社会中,被研究对象在网络上的表达特征或其他行为特征是自然呈现的,且研究者也有可能通过数据合并获得较为完整的信息,研究者相当于使用了观察法而不是面访法来收集资料,这是比较有利的。

上述网络社会相对于现实社会的资料收集优势,在社会心态的研究上尤其明显。大致而言,在现实社会所收集的资料长于对个人背景、客观制度与结构等问题的测量,而短于对心态等问题的测量,因为很难用简短的问卷、在有限的时间内让被访者如实、全面地回答有关个人真实心态问题;而在网络社会所收集的资料则正好相反,短于对个人背景、客观制度与结构等问题的测量,长于对心态等问题的测量。以微博为例。微博表达是自我暴露式表达,是记录个人社会思考的文本,是联结网络社会与现实社会的最佳接口。任何"关注"、"评论"和"转发"都将信息和个人观点表达出来,在与大众共享的过程中传递思想、态度、情绪和价值观。虽然单个微博仅有140字,无法完整呈现个人思想面貌,但微博的长期系列文本具有很强的表现力,可以将个人经历与思想动态实时记录下来,全面展现个人的社会心态现状。

这样看来,网络社会的存在实际上为我们研究社会心态提供了极大的便利,为传统社会学问题提供了新的研究语境,也为研究者提供了更为便利的调查研究条件和更加丰富的数据资源。但是,有了这样的资料并不保证必然产出高质量的研究。要获得高质量的研究成果,一方面要求研究者有深刻的洞察力,对有限和片面的网络资料具有深度挖掘的能力,另一方面则需要结合线下信息作综合思考。举一个我们经历的例子:我们在教学中要求学生分析"文员"这个职业的微博。结果学生第一次写的报告显得比较苍白,并抱怨说这些人的微博全是骂老板、晒图片、晒美食等方面的无聊内容,没什么好分析的。后来我们要求学生对现实的文员进行深入访谈,并结合文员在现实社会中的工作背景、社会地位来分析他们为什么在网络上发布这些内容,结果有学生分析说:文员群体在面对地位和权力不平等所带来的工作压力和人际压力时，发展出一套自我释放的情感宣泄与调节机制，表现为在网络上拼命秀饮食、旅游等行为。另外，文员对自己的社会地位缺乏确信，而这些消费都是低成本的，他们实际上是以低成本的符号性消费来建构自己的身份。这样分析就显得很有意思了，对文员这个群体在网络社会上的表现的理解也由此深入了一大步。

这就意味着，当我们能够把部分现实生活的要素引入到对网络社会的分析中，可能会使我们对网络社会的分析往前迈进一大步。这样，需要突破的关键问题就是：如何在现实世界给网络资料作一个基本的背景性定位？如何把现实世界的背景引入到我们对网络数据的分析中来，从而加深我们理解现实世界对网络社会的影响？

基于上述认识，我们试图从现实世界的群体身份出发，对不同人群在网络世界呈现的社会心态进行研究。我们认为，既然互联网为研究社会心态提供了一个良好的途径，而理解网络资料又需要从现实世界的基点出发，那么不妨首先确定网络用户可能拥有的现实群体身份，然后通过比较不同人群在网络社会中所呈现的不同心态，以确定现实社会可能对网络社会产生的影响。

本书将"社会心态"置于网络社会与现实社会并存的新型社会结构中，充分运用网络文本资料来挖掘网络表达所呈现出来的心态特征，探讨了一种利用互联网资料比较分析当下中国社会不同群体社会心态的研究思路和研究方法。研究以现实社会的主要职业分类为标准，根据《中华人民共和国职业分类大典》和相关研究文献，选择数十类职业群体，并进一步将其归纳合并为四大类社会群体，覆盖知识分子及专业技术人员（如大学教授、律师、医生、记者、IT工程师等）、商界精英（如私营企业主、企业CEO等）、体制内人员（如公务员、军人等）和社会底层群体（如农民工、普通工人等）等新浪微博平台的1800名网络用户。

在这个项目的研究设计中，确定现实世界的基点——"群体"——非常重要。我们尝试运用了两种方式交叉确定群体身份，第一种方式是根据微博用户自己在个人资料上留下的职业信息确定其具体身份，第二种方式是在阅读完微博用户的全部博文后再根据博文信息确定其具体职业。在实际操作中，因为无法获得微博用户的整体抽样框（这也是研究者在互联网抽样调查中面临的一大问题），项目组在确定好具体职业种类后，利用新浪微博提供的搜索功能搜索相应的职业人群，并采用系统抽样的方式从中确定最终的抽样名单。为了最大限度地确保样本真正属于相应职业群体，项目组要求编码员在阅读样本的全部微博后对样本的职业状况作总体判断，如果出现编码员实际判断与名义上的职业类别不符的情况，则用备选样本替代该样本。

在此基础上，我们尝试以每个网络用户过去两年中发表的全部微博文本作为研究对象，对200多个指标进行人工编码，根据编码员对博主的总体印象和博文中所显现的蛛丝马迹判断此用户对不同问题的看法与深层认识。为确保编码的信度，我们撰写了2万余字的编码手册，并安排编码员共同对多个ID进行编码测试，看是否存在不同判断，然后在编码员存在分歧的地方反复讨论分歧产生的原因，最终达成分析思路和判断标准的一致。

在一定程度上，微博可以理解为个人进行自我呈现的一个平台。在大规模样本的基础上，对固定微博用户所发全部博文进行整体性分析，非常有利于我们探讨网络用户的深层心态与实际意愿。当覆盖多元社会群体的、长期的、相对稳定的网络社会心态聚合在一起时，其展现出的"网络民意"亦可能更具代表性。

研究中我们发现了一些有意思的数据，如：

（1）反腐成为网络中提及率最高、最受关注的公共性议题之一。底层群体与党政人员最关注反腐议题，但党政人员反腐态度较为矛盾；

（2）知识分子及专业技术人员与底层群体议题表达接近，成为社会不满情绪最强烈的两大群体。不公平感、社会不安全感为社会主要负面情绪。此外，位于财富两极的人群（底层群体和商界精英）是不安全感最为突出的两类群体；

（3）党政人员爱国情感最强，底层群体领袖崇拜最坚定；

（4）知识分子及专业技术人员是社会各界对其最具好感的群体，其情绪表达特别容易俘获底层群体信任，商界精英则更具网络行动号召力；

（5）体制内人员对改革开放的评价最高，其次是商界精英群体，社会底层群体和知识分子及专业技术人员的比例略低；

（6）网络用户对市场主导的经济模式更为偏好，其中，商界精英对市场主导的经济治理模式的偏好位居各群体之首；

（7）网络对中国未来发展总体乐观，其中，体制内人员对中国未来经济发展和政治形势最为乐观，知识分子及专业技术人员与商界精英次之，社会底层群体最不乐观。

这些发现充分表明现实社会可能对网络社会产生一定的影响，而其影响机制则可能是个人现实群体身份的不同带来了个人在网络上的心态呈现的不同。这无疑为我们进一步探讨现实社会如何影响网络社会提供了初步线索。

总的来说，网络社会与现实社会相依并存的状态深刻地影响到不同社会群体的"社会心态"，突出表现在两点：第一，互联网作为全新的信息获取渠道、表达空间和行动场域，重塑了个体观念与行为，但网络用户的表达行为无法脱离现实生活的身份束缚，"网络社会心态"与人们的现实社会心态既有联系又有区别；第二，以社会群体为主要研究对象的社会心态经由互联网发酵，可能在现实群体基础上建构出全新的社会群体，网络社会心态研究对深刻理解当前中国的"社会群体"亦有重要意义。这样，通过对现实社会群体和网络社会心态两个具体因素的关系的考察，实际上我们在部分地推进有关网络社会与现实社会的关系及其相互作用的研究，从而在现实社会和网络社会的对照与比较中，更加全面完整地理解和把握网络社会的本质，深刻呈现出转型期中国丰富的社会现象的成因与结构张力。

本书仅仅是探索现实社会如何影响网络社会这一问题的一个初步尝试，存在着诸多不足，期冀在后续的研究中不断改进，不断深化，也期待学界同仁的指正。

上篇　中国网络社会心态调查报告

第一章 社会议题

第一节 议题关注度与满意度

《网络社会心态调查报告》将近年来关注比较多的社会议题归纳为反腐、房价、收入分配、环保、户籍、医疗、食品安全、就业、教育、养老、民族、宗教12项。对1800位网络样本用户的统计分析表明,12大议题的提及率由高到低依次为教育议题23.8%、反腐议题22.9%、环保议题18.1%、房价议题17.6%、医疗议题17.5%、宗教议题14.6%、食品安全议题14.1%、民族议题13.9%、收入分配议题13.1%、养老议题11.3%、就业议题9.9%、户籍议题8.9%,详见图1-1。

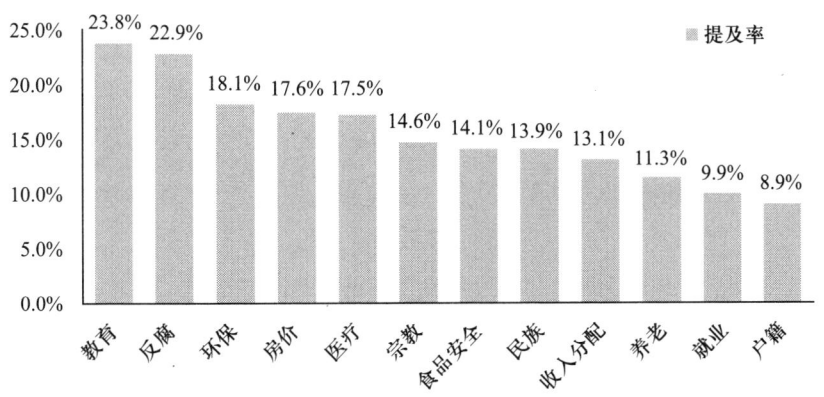

图1-1 12大议题提及率

持续关注度指网络用户是否持续关注某议题。对12大议题的关注度由高到低依次为教育议题22.5%、反腐议题22.2%、房价议题17.0%、环保议题 16.5%、医疗议题 16.1%、民族议题 13.3%、食品安全议题 12.6%、收入分配议题 12.3%、养老议题 10.0%、就业议题 8.0%、户籍议题 7.4%、宗教议题 6.5%，见图 1-2。除宗教议题呈现高提及率、低关注度的特征外，其余议题的提及率与关注度基本一致。

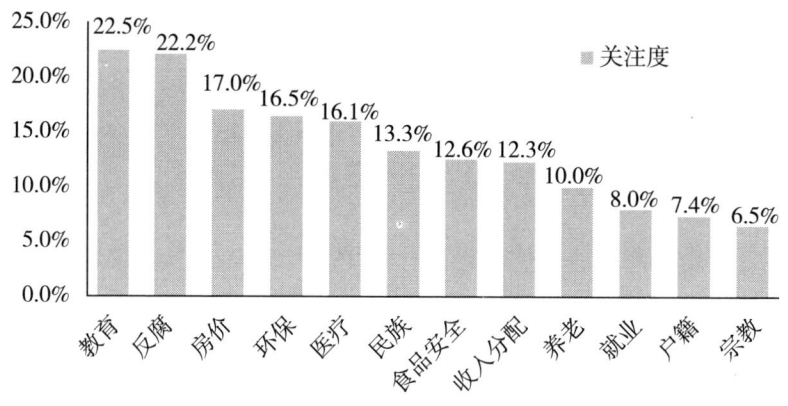

图 1-2　12 大议题持续关注度

一、议题的关注度与网友对中国现存最大问题的认知相符

教育、反腐、医疗议题的关注度分别位居 12 大议题的第一、第二和第五位，其高关注度与网友对目前中国社会的最大问题认知相符。数据显示，在明确表明态度的 1149 个样本中，分别有 13.7%、5.0% 的人认为腐败与医疗教育问题是中国面临的最大问题。

二、80 后、90 后成为"一次关注"群体，网络表达较 70 后、60 后温和

结合不同年龄用户对社会议题的关注程度，可以将其划分为两类：一是以 80 后、90 后为主的"一次关注"群体，二是以 60 后、70 后为主的"频繁关注"群体。

以最受关注的教育、反腐、环保议题为例，80 后、90 后（即"一次关

注"群体）中频繁关注上述三大议题的比例分别为 11.2%、5.8%、5.6%，而 60 后、70 后（即"频繁关注"群体）数据为 30.3%、18.8%、17.0%，前者数字仅是后者的三分之一，见图 1-3。

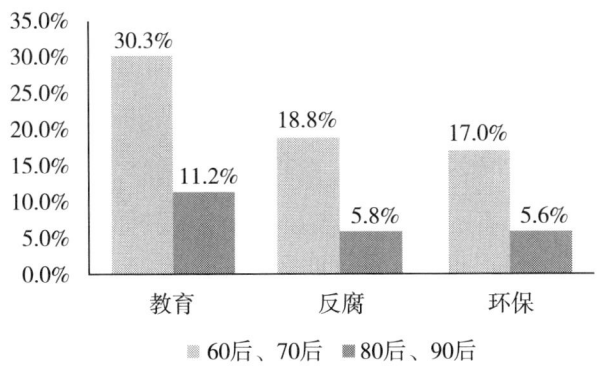

图 1-3　60 后、70 后与 80 后、90 后频繁关注教育、反腐、环保议题的比例

80 后、90 后之所以成为"一次关注"群体，可能局限于其社会地位，当前事业与家庭的发展是该阶段网络用户最看重的方面，因此在社会议题的选择上，偶然因素更多。相比之下，"频繁关注"的 60 后、70 后在稳定的社会地位下更易理性、客观地定向关注某一类或几类议题，见解更深刻。

80 后、90 后对社会议题的浅尝辄止对其表达产生影响，少言政治多言自身是该群体的表达特征。房价、就业、教育议题与该群体关系紧密，针对 80 后、90 后微博内容的个案解读，发现其中涉及的不满情绪多是隐性表达，诸如同辈对比、转发相关数据报告、诉说奋斗艰难等。与他们的含蓄不同，60 后、70 后表达以一针见血为特征，对现状的不满毫无掩藏。

三、社会底层群体与商界精英在户籍、食品安全、养老议题的关注度接近，社会底层群体不满情绪较强

社会底层群体与商界精英在户籍、食品安全、养老议题上的关注度较为接近。在户籍议题中，社会底层群体（11.8%）的提及率略高于商界精英

（10.9%），明星超过知识分子及专业技术人员（8.9%）与体制内人员（5.8%）；在食品安全议题中，社会底层群体（18.0%）与商界精英（18.1%）超过知识分子及专业技术人员（13.5%）与体制内人员（10.5%）；在养老议题中，社会底层群体（14.1%）与商界精英接近（14.3%），超过知识分子及专业技术人员（8.1%）和体制内人员（9.8%）。

态度表达上，社会底层群体的不满情绪较商界精英更强烈，明显超过其他两类群体。在户籍议题中，10.6%的社会底层群体对现状不满，超过商界精英（7.9%）、知识分子及专业技术人员（7.2%）和体制内人员（3.5%）；在食品安全议题中，16.7%的社会底层群体表达不满，超过商界精英（11.7%）、知识分子及专业技术人员（10.5%）和体制内人员（6.7%）；在养老议题中，社会底层群体（12.2%）略低于商界精英（12.5%），高于知识分子及专业技术人员（5.7%）与体制内人员（5.8%）。

上述数据表明，财富因素对社会底层群体与商界精英在议题表达上有一定的影响，而处于经济弱势的社会底层群体情绪明显更为强烈。

四、男性多关注、女性更满意

性别差异是影响社会议题现状满意度的另一指标，男性用户对各类社会议题的关注度高于女性，但女性用户对议题现状的满意度高于男性用户。数据显示，认为收入分配、环保、养老议题是各议题中最满意的女性比例是男性比例的4-8倍（女性用户数据分别为11.1%、8.3%、13.9%，男性用户数据分别为2.2%、1.1%、3.9%）。

五、东部用户关注户籍、宗教议题，西部用户关心民族议题

地域性特征在户籍、民族、宗教三大议题中表现明显，如图1-4所示。

在户籍议题中，东部地区的提及率较高，为10.5%；西部地区略低，为8.1%；中部地区为4.7%，仅是东部、西部地区的一半。在关注程度上，中部

地区的频繁关注度为 0，东部地区频繁关注度为 3.6%，差别显著。

在民族议题中，西部地区的提及率（19.3%）高于东部、中部地区近 6%。西部地区 13.7% 的用户频繁关注民族议题，东部、中部地区频繁关注比例为 6.3%、4.8%，前者是后者的 2 倍多。

在宗教议题中，东部地区用户的提及率（15.7%）高于中部地区（12.1%），是西部地区（7.7%）的 2 倍。

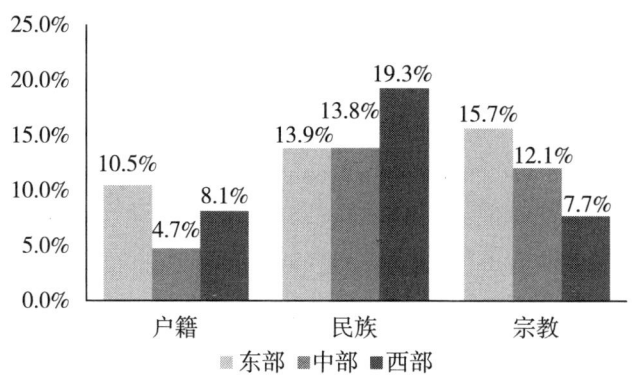

图 1-4　东部、中部、西部用户对户籍、民族、宗教议题的提及率

第二节　反腐议题

一、不同体制归属、教育水平、地域的用户广泛参与反腐议题讨论

数据显示，体制归属、教育水平、地域等客观变量对是否关注反腐无显著影响，这表明反腐议题在不同体制归属、不同教育水平、不同地域的人群中分布较为均匀，具有普遍性。

首先，作为中共十八大以来的核心议题，体制内人员固然颇多关注，但体制外的关注目光并不逊于体制内人员，其 23.3% 的提及率略高于体制内人员的 22.7%。

其次，从教育水平来看，学历高低并不影响反腐议题的关注度。数据显示，本科学历者的提及率最高，为24.1%；研究生及以上学历者中22.4%的用户提及反腐；大专（含高职）学历者的提及率为20.9%。

最后，在地域上，东部、中部、西部地区的提及率相差不多，其中中部地区最高，为25.9%，东部与西部地区分别以23.8%、22.0%的提及率略低于中部地区。

二、社会底层群体与体制内人员持续关注度强

在社会底层群体、知识分子及专业技术人员、商界精英、体制内人员四大群体中，社会底层群体与体制内人员对反腐议题的关注持续性最强，见图1-5。

数据显示，社会底层群体中25.6%关注了反腐议题，其中频繁关注者占该群体的11.9%，在四大群体中名列首位；其次体制内人员中22.5%关注该议题，频繁关注者占该群体的10.0%。社会底层群体的频繁关注比例是知识分子及专业技术人员的近1.5倍，是商界精英的5倍左右。

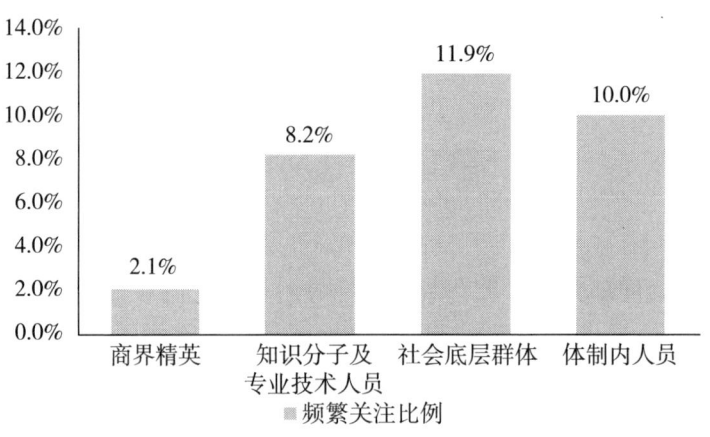

图1-5　各社会群体对反腐议题的频繁关注比例

三、落马官员信息最受关注，传播最广

在反腐议题的具体内容上，贪官落马信息最受关注。数据显示，关注者

中 48.2% 的用户传播了落马官员的信息，成为占比最高的关注内容；16.1%的用户关注反腐的社会影响，另有 15.4% 的用户关注现有反腐政策及其解读，其余 20.3% 的用户则选择性地关注特定领域反腐、腐败原因探讨等其他内容。

四、政治危机与整治党风被认为是反腐行动的主要动力

在反腐议题的关注者中，33.8% 的用户将反腐行动归因为迫于现实的政治压力，态度较为消极；25.5% 的用户认为是新一代领导班子整治党风的决心才使得反腐行动得以展开，态度较为积极；此外，另有 3.7% 的用户较为极端地将反腐行动归为统治集团内部政治斗争，其余态度不明。

五、反腐关注度与满意度双丰收，网络用户对中央反腐行动持肯定态度，体制内人员对反腐政策态度矛盾

在 12 大社会议题中，反腐议题以 22.9% 的提及率名列第二，同时，反腐亦被最多的网络用户认为是最令人满意的议题，有 6.6% 的用户对此议题表示最满意。相比之下，被次多用户认为是最令人满意的教育议题仅有 1.5% 的人表示最满意，不到反腐议题的四分之一。

目前，网络用户对中央反腐行动大多持肯定、乐观态度。在可判断具体态度的 315 个样本中，60.3% 的用户肯定中央的反腐行动，其中近四分之一持非常肯定态度。另有 211 位用户对自上而下进行反腐的效果作了表态，61.6%持有乐观态度，仅有 0.9% 带有悲观情绪，其余用户保持中立。

四大社会群体中，社会底层群体对现有反腐政策的不满意情绪最高。数据显示，3.3% 的社会底层群体明确表达不满，该比例分别是体制内人员（1.6%）的 2 倍、商界精英（0.8%）的 4 倍。知识分子及专业技术人员为不满意情绪次高群体，2.6% 明确表示不满意。

值得一提的是，体制内人员对反腐政策态度矛盾。数据显示，仅有 7.6%的体制内人员对反腐明确表示满意态度，6.5% 和 1.6% 分别持中立和不满意态度，其余84.3%的用户未作任何表态。考虑到体制内人员身份的特殊性，未作表态的情绪倾向值得推敲。从个别微博用户的言辞中可以感受到密集出台的中央禁令对基层公务员的影响。

六、制度保障比持续打击更能有效遏制腐败

有394位网络用户在关注反腐议题时表达了自身对如何遏制腐败的看法，其中68.8%的用户认为制度保障可以有效遏制腐败，该比例明显超过对持续打击贪官的认可（28.9%），见图1-6。部分微博用户明确表示"腐败随权力而生"，必须"有效约束"，在法律的框架下合理运用权力，从源头上遏制腐败。

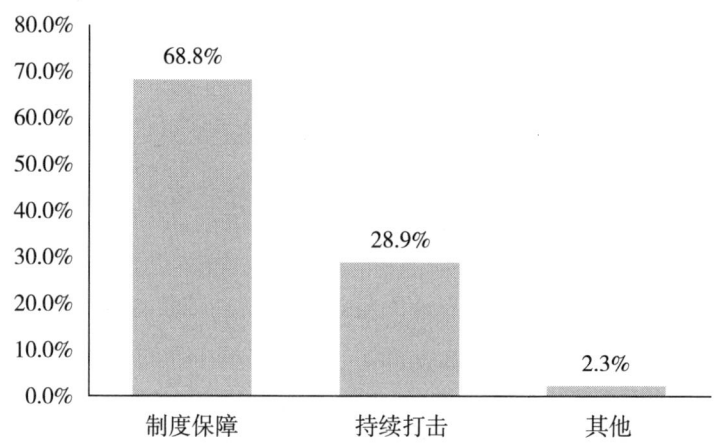

图1-6　网络用户对如何有效遏制腐败的认知

第三节　民生议题

一、房价议题

1. 东部、男性、商界精英、体制外用户讨论积极

数据显示，在房价议题的讨论中，东部用户、男性用户、商界精英群体与体

制外用户表现积极。东部用户中，20.9%提及房价议题，高于中部（13.4%）与西部（10.9%）的数据。男性提及率高于女性，男性用户中19.9%提及房价议题，女性提及率仅为10.4%，相差近两倍。在各群体中，商界精英最积极，25.6%的商界精英提及房价议题，体制内人员提及率最低为12.4%，知识分子及专业技术人员与社会底层群体比例接近，分别为18.2%与18.0%。在体制归属上，体制外用户的提及率为21.6%，高于体制内用户（13.4%）的数据。

2. 研究生以上学历用户与60后、70后对房价议题频繁关注

对房价的频繁关注还呈现较明显的高学历趋势。研究生及以上学历用户中，20.9%频繁关注房价议题，与之相比，本科生、大专（含高职）、高中学历用户的比例仅为10.6%、8.7%、5.9%。此外，60后与70后对房价议题的关注持续性也在各年龄段中十分突出。数据显示，60后与70后中分别有21.4%和23.5%是房价议题的持续关注者，其他年龄阶段用户的比例分别为80后6.9%，50后及以前14.8%，90后样本用户中房价议题的持续关注者极少，见图1-7。

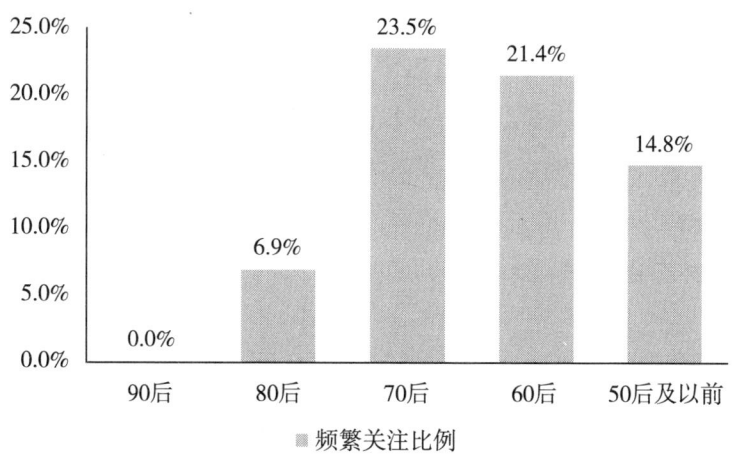

图1-7 各年龄段用户对房价议题的频繁关注比例

3. 房价涨幅跌幅、国家楼市政策与买房的经济压力成为主要关注内容

数据显示，房价涨幅跌幅、国家楼市政策以及买房的经济压力是网络用户在房价议题中关注最多的三大内容。在关注房价议题的网络用户中，分别有

52.6% 关心房价涨跌幅，46.7% 关注国家楼市调控政策，35.9% 关注买房的经济压力。此外，另有一些用户选择性地关注房地产投资、房产税等其他问题。

4. 房价问题主要被归因为政府不作为

数据显示，在房价议题的关注者中，有 39.2% 的用户表示房价居高不下的原因在于政府不作为。此外，土地价格过高、炒房、腐败、税费过高等原因也被多次提及，但与政府归因相比，比例明显较低，分别为 11.1%、8.8%、5.5%、4.2%。另有 2.3% 的用户认为现有投资渠道少也是导致房价居高不下的一大原因。

5. 房价问题带来负面影响

数据显示，在房价议题的关注者中，35.0% 的用户认为买房的经济压力使其自身的幸福感被严重剥夺，同时有 13.1% 的用户明确表示家庭负担明显加重。在宏观层面上，19.9% 的用户认为房价现状影响中国经济的正常发展，11.1% 的用户认为目前中国人的消费结构被严重扭曲，另有 10.8% 的用户认为房价居高不下会加剧社会的贫富分化。

6. 不满意情绪明显

用户对房价议题现状的不满情绪明显。数据显示，在房价议题关注者中，仅有 0.3% 的用户表达对房价现状的满意情绪；12.7% 持中性态度，其余 87.0% 的用户均表达不满情绪。

二、收入分配议题

1. 东部用户提及率高，男性、50 后—70 后持续关注性强

数据显示，各地区用户中，东部用户提及收入分配的比例为 14.6%，高于中部的 11.6% 和西部的 9.0%。

在议题关注上，男性用户的持续关注性明显高于女性。数据显示，11.8% 的男性频繁关注收入分配议题，女性的这一比例为 3.7%，仅是前者的三分之一。

此外，在各年龄段用户中，50 后—70 后用户比 80 后、90 后用户更频繁地关注收入分配议题。数据显示，50 后、60 后、70 后频繁关注收入分配议题

的比例分别为 22.7%、19.0%、18.6%，80 后频繁关注收入分配议题的比例为 6.6%，而 90 后样本用户中基本无人持续关注收入分配议题。

2. 多关注收入分配公正性，行业与城乡之间存在差异

在 220 位收入分配议题的关注者中，收入分配公正性最受关注。数据显示，58.4% 的关注者提及公正性问题，此外分别有 33.5%、24.4% 的用户关注收入政策和福利政策的匹配性与收入分配改革。

在收入分配议题中，网络用户将收入分配的差异大致总结为行业差异与城乡差异两类，分别有 29.0% 与 20.8% 的用户关注上述两种差异现象。

3. 收入分配不合理与特定利益垄断成为收入分配不公原因

在收入分配议题中，43.9% 的关注者认为收入分配不公由收入分配政策不合理造成；41.2% 认为是由于特定集团或特定行业的利益垄断造成的。分别有 8.6% 与 4.1% 的用户认为收入分配不公是由于经济发展不均衡与腐败造成。

4. 认为收入分配不公会产生负面后果

网络用户认为，收入分配不公所造成的直接社会影响在于民众幸福感降低。数据显示，35.7% 的用户表示其自身的幸福感因此降低，另有 32.6% 的用户认为，收入分配不公将会造成社会贫富差距加大，21.7% 的关注者直言收入分配不公将导致各阶级之间的矛盾突出，见图 1-8。

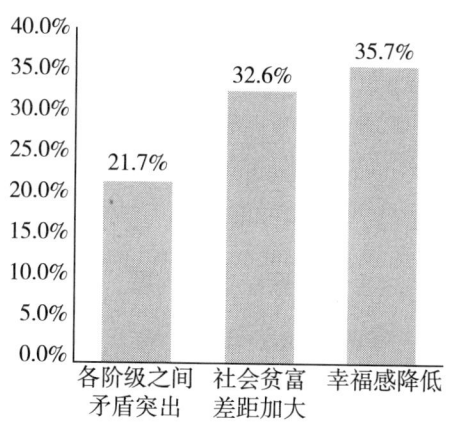

图 1-8 收入分配议题关注者对收入分配不公的社会影响认知

三、环保议题

1. 东部用户、商界精英提及率高,西部用户、60后关注最频繁

各地区用户中,东部地区的用户环保议题提及率最高。数据显示,在东部地区有效样本中,20.5%的用户提及环保议题,相比之下中部用户与西部用户的提及率分别为13.8%、15.7%,相差4%—6%,见图1-9。在各群体用户中,商界精英的提及率(24.4%)高于知识分子及专业技术人员(18.0%)、社会底层群体(16.6%)和体制内人员的提及率(16.1%)。

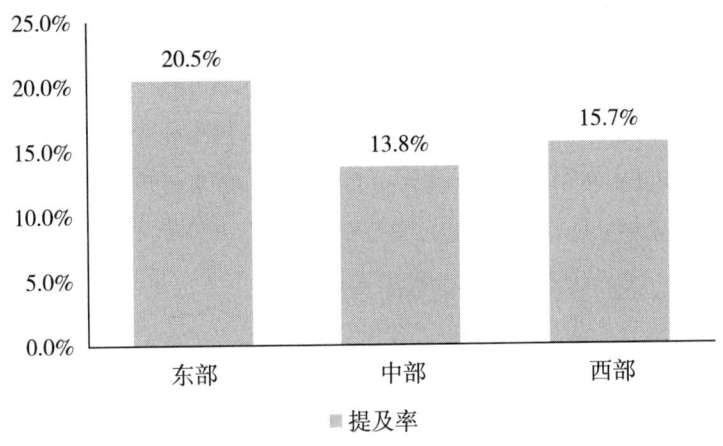

图1-9 各地区用户的环保议题提及率

在关注程度上,各地区用户呈现与提及率不同的特征。数据显示,西部用户对环保议题的频繁关注比例高于东部用户,前者14.3%,后者11.4%,中部用户为7.6%。在各年龄层用户中,60后的比例最高,占比20.5%,其次是70后(14.5%),90后(9.4%)排在第三位,80后与50后及以前群体比例接近,分别为6.2%与6.1%。

2. 71.4%的议题关注者集中聚焦雾霾问题

在各类环保问题中,雾霾问题的关注度最高。数据显示,在环保议题中,71.4%的用户关注雾霾问题,比例十分突出。此外,分别有24.9%、21.2%和17.8%的用户关注环保意识问题、水污染及有毒化学品污染。

3. 工业化过程过快催生环保问题，政府、民众均有责任

在环保议题的归因上，关注者的认识较为分散。26.9% 的用户认为工业化进程过快催生环保问题，25.2% 的用户认为环保现状是由于政府缺乏引导，18.5% 的用户认为环保现状应归因于民众环保意识薄弱。此外，分别有 16.8%、4.7% 的用户认为政府监督处罚不力与环保信息不公开使得环保问题得不到有效解决。

4. 不满情绪较浓

数据显示，环保议题的关注者中，仅 1.3% 表达满意情绪，89.2% 持不满态度，其余 9.5% 持中性态度。

四、户籍议题

1. 东部用户、70 后用户提及率高，社会底层群体以及 50 后、60 后持续关注性强

数据显示，10.5% 的东部用户提及户籍议题，该比例高于中部（4.7%）与西部（8.1%）。在各年龄层用户中，14.3% 的 70 后用户提及户籍议题，其次为 60 后，提及率为 10.7%，80 后提及率为 8.6%，90 后与 50 后及以前用户提及率较低，分别为 3.2% 和 5.6%。

在各群体中，社会底层群体对户籍议题的关注持续性最强。数据显示，5.3% 的社会底层群体频繁关注户籍议题，该比例超过体制内人员（2.9%）、知识分子及专业技术人员（2.7%）及商界精英（1.6%）。

在各年龄阶层中，尽管 70 后提及率较高，但 50 后、60 后的持续关注性更强。数据显示，11.1% 的 50 后及以前群体持续关注户籍议题，在各年龄层用户中名列第一，其次为 60 后，其频繁关注比例为 10.0%，相较之下，70 后中仅有 1.9% 的用户频繁关注户籍议题，80 后、90 后频繁关注的比例分别为 1.7%、3.2%。

2. 网络用户集中关注户籍差异

在户籍议题中，户籍差异成为网络用户集中关注的内容。数据显示，户籍议题关注者中，85.7% 关注户籍差异。此外，分别有 48.1% 与 46.6% 的用

户关注户籍改革政策与流动人口权益问题。

3. 政策设计缺陷、特权意识导致户籍政策不合理

数据显示，46.6%的户籍议题关注者表示，户籍政策存在明显缺陷，32.3%的关注者认为政策不合理的背后在于特权意识，另有21.1%的关注者认为户籍政策的不合理性背后折射出了人权问题。

4. 户籍差异造成资源分配不均、行政管理低效与城乡分化和歧视

户籍议题关注者对于户籍差异造成的社会影响可以归纳为资源分配不均、行政管理低效、城乡分化、城乡歧视，分别占比47.4%、32.3%、15.8%、4.5%。

5. 知识分子及专业技术人员与社会底层群体对户籍议题现状态度极端

各群体用户中，知识分子及专业技术人员与社会底层群体对户籍议题现状态度极端。在关注户籍议题的知识分子及专业技术人员与社会底层群体用户中，基本无人表示满意，相较之下，分别有4.8%的体制内人员与9.1%的商界精英表示满意；在户籍议题关注者中，有97.4%的社会底层群体表达不满，商界精英与知识分子及专业技术人员表达不满的比例接近，分别为86.4%与85.9%，体制内人员的不满情绪相对较轻，为71.4%。

五、医疗议题

1. 商界精英与社会底层群体关注度高，60后关注频繁

数据显示，医疗议题的关注者呈现较明显的群体差异与年龄差异。在各群体中，商界精英与社会底层群体的关注度最高，分别为52.0%与52.1%，知识分子及专业技术人员与体制内人员的关注比例分别为41.7%与44.9%。其中社会底层群体的持续关注度也较强，12.8%的社会底层群体频繁关注医疗议题。

在各年龄层用户中，60后对医疗议题的关注度最高，关注的持续性也最强。数据显示，63.1%的60后用户关注医疗议题，高于70后（58.6%）与50后及以前群体（55.6%）的数据。相比年长者，年轻人对医疗议题显得不太关心，80

后、90后关注者比例分别为33.7%、25.7%。在关注持续性上，60后22.6%的频繁关注者比例高于50后22.2%的数据，在各年龄层用户中居于第一，70后为13.5%位列第三，80后、90后比例接近，分别为5.6%、5.7%，见图1-10。

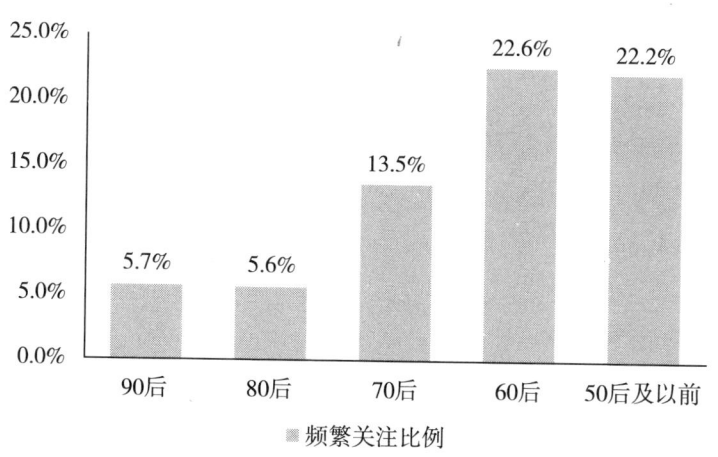

图1-10　各年龄层的用户对医疗议题的频繁关注比例

2. 医患纠纷、医疗服务问题关注最多

在医疗议题关注者中，40.3%关注医患纠纷问题，34.8%关注医疗服务问题，25.2%关注医疗体制改革。此外，用户还关注了医疗资源问题、医护人员权益、医疗事故等其他内容。

3. 多元因素造成医疗问题现状

在医疗议题中，对于医疗议题现状的归因认知呈现多元化特征。数据显示，各有16.2%的关注者认为，医疗改革不合理与政府福利政策不完善是造成医疗问题现状的主要归因；15.6%的关注者将医疗议题现状归因为医疗商业化；14.8%的关注者认为，患者对医生的理解不够使得医患纠纷频发；13.4%的关注者认为，医务人员的职业道德问题是医疗问题的源头。此外，还有人认为医疗问题应归因于医疗体系腐败、医疗资源分布失衡以及媒体的推波助澜。

4. 大专及以下学历的用户态度极端，60后满意度最高

在对医疗议题现状的态度上，大专及以下用户的态度极端。数据显示，

关注医疗议题的大专及以下用户中，基本无人持满意及中性态度，相比之下，2.7%的本科生与11.0%的研究生及以上学历者表达了对医疗议题的满意态度。

此外，60后作为最关注医疗议题的群体，其满意度在各年龄层也最高。数据显示，在60后关注者中，12.0%对医疗议题现状持满意态度，该比例是70后关注者（2.5%）、80后关注者（2.2%）的近5倍。50后及以前的关注者基本无人持满意态度。在各年龄阶层中，50后及以前用户的不满情绪最重，占比94.4%，60后、70后、80后、90后的不满情绪分别为78.0%、81.3%、81.3%、77.8%。

六、食品安全议题

1. 商界精英与社会底层群体、70后用户提及率高，社会底层群体与60后用户持续关注性强

数据显示，在各群体用户中，商界精英与社会底层群体对食品安全议题的提及率高，分别为18.1%与18.0%，相比之下，知识分子及专业技术人员与体制内人员的提及率较低，分别为13.5%与10.3%。在各年龄层用户中，70后以22.0%的提及率位列各年龄层之首，其他年龄层用户的提及率分别为60后17.3%、50后及以前15.3%、80后13.0%、90后6.3%。

尽管商界精英与70后在提及率上表现突出，但是从关注度来看，社会底层群体与60后用户的持续关注性更强。数据显示，9.8%的社会底层群体频繁关注食品安全议题，该比例高于体制内人员（6.2%）、商界精英（4.2%）、知识分子及专业技术人员（3.3%）。各年龄层用户中，11.9%的60后频繁关注食品安全议题，该比例高于70后（8.6%）、50后及以前（7.7%），80后、90后的持续关注比例均为2.9%。

2. 普遍关注食品生产中的非法加工与有毒添加剂问题

数据显示，在食品安全议题的关注者中，63.4%关注食品生产中的非法加工问题，比例较高；44.5%关注食品中的有毒添加剂；38.3%关注相关部门的监管措施，以上三者是网络用户提及最多的食品安全内容。此外，另有9.6%的用户呼吁食品安全立法。

3. 相关部门监管不到位，网友指责处罚太轻

在食品安全问题的归因认知上，关注者中有56.8%认为是相关监管部门不到位造成的，他们认为监管部门对黑心商家的处罚太轻；29.1%认为食品安全问题是由于商家一味追求经济利益；另有3.5%的用户认为中国缺乏食品安全的统一标准，使得黑心商家有空子可钻。

4. 认为食品安全问题危害个体生命健康，加重社会恐慌情绪

在食品安全问题的关注者中，57.3%认为其危害个体生命与健康，另有35.6%认为食品安全问题的最大影响是加重了社会恐慌情绪。

5. 食品安全议题满意度低

数据显示，在食品安全议题的关注者中，仅有0.9%持满意态度，86.3%的关注者表达了明确的不满态度，另有12.8%表达中立态度。

在各年龄层用户中，80后用户的不满情绪最高，占比90.8%，其他年龄层的不满情绪比例分别为90后87.5%、70后83.8%、60后84.8%、50后及以前88.9%。

七、就业议题

1. 商界精英、男性、70后提及率高，社会底层群体、50后及以前频繁关注

数据显示，商界精英、男性、70后是就业议题提及率较高的群体。在各群体中，17.2%的商界精英提及就业议题，位列第一，社会底层群体、体制内人员、知识分子及专业技术人员的提及率分别为11.0%、8.6%、8.1%。其次，男性用户的提及率高于女性，前者为10.8%，后者为7.0%。此外，在各年龄阶层中，70后14.0%的提及率高于其他群体，50后及以前、60后、80后、90后的提及率依次为11.1%、13.2%、9.8%、4.8%。

与提及率不同的是，社会底层群体对就业议题的持续关注性最强。数据显示，9.2%的社会底层群体频繁关注就业议题，该比例超过商界精英8.3%的数据，体制内人员与知识分子及专业技术人员的频繁关注比例仅为6.6%和4.3%。此外，在各年龄用户中，作为职场年轻力量的80后对就业议题的持续关注度最弱，仅有3.8%的80后频繁关注就业议题，在各年龄层用户中比例最低，50后及以前、60后、70后、90后的频繁关注比例分别为8.7%、8.2%、8.0%、6.3%。

2. 就业形势关注最多，行业前景、就业心态及指导关注度一般

在就业议题的关注者中，对就业形势的关注十分集中，数据显示，91.0%的用户关注此内容；其次关注的为就业心态及指导，占比34.7%；22.9%的用户关注各自所处的行业背景。此外，另有11.1%的用户提及职业歧视问题。

3. 人多岗少、教育内容与社会期待不符成为主要归因

在就业议题的关注者中，41.7%认为人多岗少造成当前就业问题，18.8%认为就业难的原因在于当前的高等教育内容与社会（职场）期待不符，7.6%的用户认为缺乏相应的就业指导培训与眼高手低的就业心态导致就业形势严峻。

4. 网络用户担心青年人负担重，就业难导致人才浪费

就业形势严峻的社会现状使得网友担心青年人就业负担过重，同时一部分人才被浪费。数据显示，43.1%的关注者认为青年人的就业负担加重，39.6%的关注者认为即使就业形势困难也存在人才浪费；另有6.3%的关注者认为就业形势不改善，会影响大众对高等教育的信心。

5. 就业议题中性态度占主流

网络用户多对就业议题持中性态度。数据显示，50.0%的关注者对就业议题现状持中性态度，不满情绪比例为43.7%。

八、教育议题

1. 高学历、年长者、男性用户提及率高，社会底层群体与70后频繁关注

教育议题在12大议题中提及率最高，提及者以高学历、年长者及男性

用户为主。数据显示，在各学历阶层中，本科学历与研究生及以上用户以25.6%、25.7%的提及率位列第一、第二，大专（含高职）提及率为12.5%，相差13%，高中及以下学历提及率为22.9%。在各年龄阶层中，50后及以前以40.3%的提及率位列第一，70后与60后比例接近，分别为32.0%与31.5%，相比之下80后、90后的提及率分别为20.7%、19.8%。此外，男性用户提及率也高于女性，前者为26.1%，后者为16.3%，相差10%。

在关注持续性上，社会底层群体的持续关注度最强，有9.8%的社会底层群体用户持续关注教育议题，高于体制内人员（6.2%）、商界精英（4.2%）、知识分子及专业技术人员（3.3%），见图1-11。此外，各年龄用户中，70后对教育议题的关注持续性最强，30.9%的70后频繁关注教育议题，50后、60后比例接近，分别为22.2%与21.4%，80后、90后持续关注度较低，分别为10.7%与12.8%。

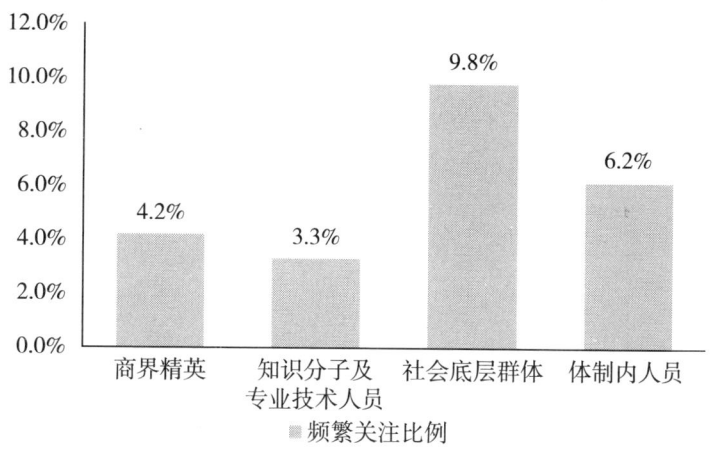

图1-11　各社会群体对教育议题的频繁关注比例

2. 高等教育、考试招生制度关注最多

在教育议题的关注者中，36.3%关注高等教育内容，34.8%关注考试招生制度，27.2%关注中小学教育问题。此外，关于教育公平、边远地区教育问题也多有提及，分别有15.3%、7.7%的关注比例。另外，师生关系也成为网友的新晋关注内容，获得 5.7% 的用户关注。

3. 认为功利主义认知影响教育质量，评价体系不完善，应试体系遭诟病

教育议题的关注者认为，教育议题现状的症结主要集中在功利主义认知、评价体系不完善及现有应试体系上，分别有 24.2%、20.5%、19.3% 的关注者如此认为。此外，8.2% 的关注者认为教育资源的城乡分配差异也是影响教育质量的重要原因，另有 2.2% 的关注者将教育现状归因为高校的行政化管理。

4. 认为教育体系摧残学生，社会功利风气明显，进一步造成人才浪费

关注者中有 42.7% 认为学生受到摧残，17.5% 认为目前的教育方式导致社会功利风气加重，14.8% 认为教育资源分配差异导致社会不公平加剧，另有 5.2% 的关注者认为当前的教育体系会进一步导致人才浪费。

5. 教育议题体制内外满意度差异显著

在对教育议题现状的满意度上，体制内外用户呈现出明显的满意度差异。数据显示，在体制内关注者中，4.9% 表达满意态度，是体制外关注者比例（0.9%）的 5 倍多；中性态度用户中，体制内用户占比 26.5%，体制外用户为 15.2%；在不满意表达上，83.9% 的体制外用户表达不满情绪，超过体制内用户（68.6%）15%，差异明显，详见图 1-12。

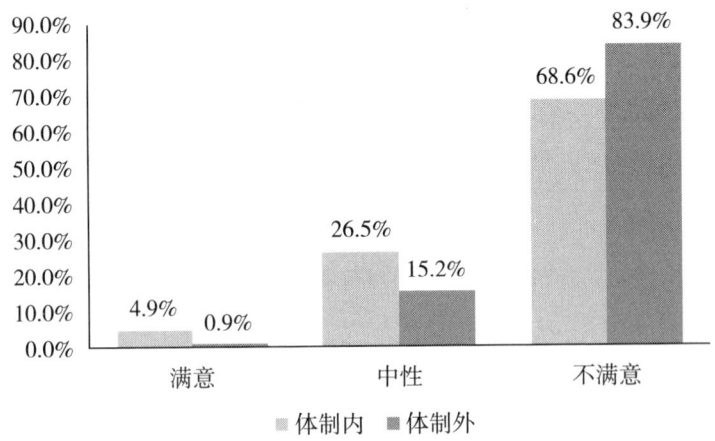

图 1-12　教育议题现状满意度在体制内外关注者的差异

九、养老议题

1. 50后及以前提及率最高、关注最频繁

数据显示，50后及以前的用户对养老议题的提及率最高，关注也最频繁。在各年龄层用户中，50后及以前用户中有26.8%提及养老议题，超过70后（15.2%）、60后（13.7%）、80后（9.9%）及90后（2.4%）。此外，50后及以前有17.6%频繁关注养老议题，而其他年龄层用户的频繁关注比例分别为60后4.8%、70后6.4%、80后0.4%、90后3.2%。

2. 集中关注养老保险缺口问题，退休政策、以房养老等也颇多关注

关注者对养老保险缺口问题关注最多。数据显示，64.4%关注该现象，位列第一；排在第二、第三位的分别是退休政策和以房养老问题，分别占25.0%与23.3%。此外，分别有12.8%与7.8%的用户关注老年服务问题及空巢老人。

32.8%的关注者认为，现在出现的养老保险缺口等情况会造成一定的社会恐慌，同时分别有27.2%与22.8%的用户认为会导致社会负担加重、家庭压力增大。

3. 养老保障制度不完善成主要归因，网友指责政府官员贪污

关注者对养老议题的归因主要集中在养老保障制度不完善上，占69.4%；其次网友多指责政府官员贪污，导致养老保险出现重大缺口，占16.7%。此外，5.0%的用户认为养老问题在于中国社会的多元化养老意识不足，1.1%表示养老问题与计划生育政策有关。

4. 知识分子及专业技术人员的不满情绪最低

在各群体中，值得注意的是体制内人员存在极端情绪。数据显示，在35位关注养老议题的体制内人员中，无一人表达明确的满意态度，与之相比，商界精英、知识分子及专业技术人员、社会底层群体分别有2.8%、1.4%、2.1%的关注者持满意态度。在不满意情绪的表达上，知识分子及专业技术人员的不满情绪最低，为62.0%，社会底层群体的不满情绪最高，为91.7%，商

界精英的不满情绪表达为83.3%，体制内人员的不满情绪为71.4%。在中性态度中，商界精英、知识分子及专业技术人员、社会底层群体、体制内人员的比例分别为13.9%、36.6%、6.3%与28.6%。

第四节 民族宗教议题

一、民族议题

1. 西部、男性提及率高，体制内人员频繁关注

西部、男性及70后用户对民族议题的提及率高。数据显示，在各地域中，西部用户的提及率为19.3%，高于东部（13.9%）与中部（13.8%）。男性用户的提及率高于女性，前者为15.3%，后者为9.5%，相差近6%。

在关注程度上，民族议题凸显出体制内外差异。数据显示，体制内用户的频繁关注度明显高于体制外用户，前者频繁关注比例为10.2%，后者为4.2%，相差2倍多。

2. 对新疆问题关注高于西藏问题，恐怖主义问题关注最为集中

在民族议题的关注者中，82.8%关注新疆问题，相较之下西藏问题的关注比例仅为3.3%。此外，69.9%关注恐怖主义问题，说明一年来发生的民族恐怖问题对网络用户有较大的影响。此外，分别有10.0%与5.9%的用户关注现有民族政策与民族信仰问题。

3. 民族恐怖问题被归因为极端民族主义分子的丧心病狂

在民族议题的关注者中，59.8%将民族问题归因为极端民族主义分子的丧心病狂，有14.2%认为民族之间存在的明显发展差距使得民族问题频发，此外有9.6%的关注者认为是现有民族政策所致。

4. 认为民族问题造成社会安全隐患，可能导致社会分裂

民族议题的关注者中，69.0%认为民族问题现状极大地威胁社会安全，造成一定的社会隐患，此外有19.2%认为可能导致社会分裂，7.1%认为民

族问题会影响政经发展与国家稳定，2.5%认为民族问题频发会影响中国的国际地位，见图1-13。

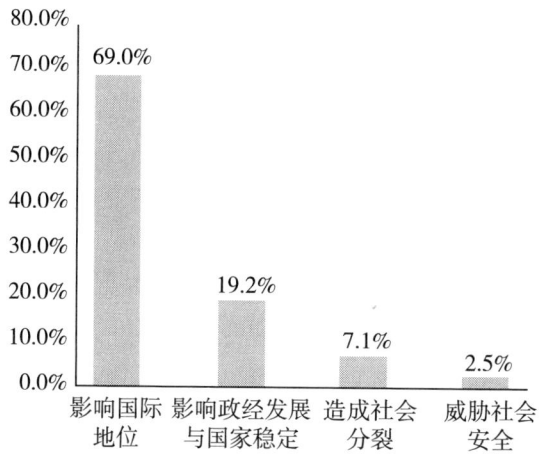

图1-13 民族议题关注者对民族议题现状的社会影响认知

5. 民族议题的体制内用户满意度高于体制外用户

在民族议题现状的满意度上，体制内人员的满意度明显高于体制外人员。数据显示，体制内人员中9.0%表达了满意情绪，是体制外人员满意度（2.4%）的近4倍；30.6%的体制内人员持中性态度，高于体制外人员（21.6%）；在表达不满意情绪的关注者中，体制内人员（60.4%）的数据比体制外人员（76.0%）低近16%，差异明显。

二、宗教议题

1. 东部、知识分子及专业技术人员用户提及率高，男性、60后、70后关注频繁

15.7%的东部用户提及宗教议题，高于中部用户（12.1%）与西部用户（7.7%）。此外，在各群体中，知识分子及专业技术人员中21.0%提及宗教议题，高于商界精英（12.1%）、体制内人员（10.7%）与社会底层群体（7.4%）。

在关注程度上，男性用户的频繁关注比例为6.1%，是女性用户频繁关注比例（1.0%）的 6 倍。此外，60 后与 70 后的频繁关注比例也较高，各为 9.5%，相比之下 50 后及以前频繁关注比例为 5.0%，80 后为 3.4%，90 后基本无人持续关注宗教议题。

2. 极端宗教问题（邪教）关注度最高，宗教信仰自由、政府宗教政策与文化历史研究关注也较多

在宗教议题的关注者中，47.0% 关注邪教等极端宗教问题，分别有 29.9%、29.0%、28.2% 关注宗教信仰自由、宗教政策与宗教文化历史研究。

就宗教问题的社会影响而言，认为极端宗教问题会破坏社会稳定的占 39.3%；认为宗教会腐蚀民众思想，造成隐患的占 33.3%；另外分别有 5.1% 与 4.2% 的关注者担心宗教问题会导致社会分裂、影响政经发展与国家稳定。

3. 宗教议题主要被归因于民众缺乏信仰

47.0% 的关注者将宗教问题归因为中国民众缺乏信仰；14.5% 将极端宗教问题归因为个别极端分子的丧心病狂。

4. 体制内人员与商界精英满意度高，知识分子及专业技术人员多持中性态度

体制内人员与商界精英的满意度明显高于其他群体，分别为 14.3% 与 11.1%，相比之下，知识分子及专业技术人员与社会底层群体的满意度比例仅为 3.7% 与 5.3%。此外，知识分子及专业技术人员对待宗教议题的中性态度十分突出，40.7% 的该群体用户持中性态度，相比之下，体制内人员、商界精英与社会底层群体的中性态度比例仅为 23.8%、5.6%、5.3%。

第二章　社会情绪

第一节　公平感与安全感

一、不公平感、社会不安全感构成网络社会主要负面情绪

数据显示，不公平感和社会不安全感是现今网络用户相对广泛的负面情绪。网络用户中，持有不公平感、不安全感的分别占44.7%、41.3%。

25.1%的用户认为机会平等比结果平等更重要，这一比例远高于结果平等优先的支持率（12.2%）。相较结果平等的实现，现今社会更期待机会平等的到来。

二、底层群体、大专学历者、体制外人员不公平感表达强烈

不公平感表达最强烈的是社会底层群体，"有一点"或"强烈"感到不公平的人分别占到这一群体总量的39.7%、25.1%；其次是知识分子及专业技术人员，"有一点"或"强烈"感到不公平的人共占43.0%，详见图2-1。

在教育水平上，大专（含高职）学历的人群所表现出的不公平感最强，约占19.3%，程度远超研究生、本科生、高中及以下学历人群。大专（含高职）群体之所以会有如此突出的不公情绪，与社会的现实情况及社会分工的结构缺陷不无关系。现今社会，学历的高低成为能否获取机会的关键。然而，在这一"知识改变命运"的学历链条中，大专生显然处于一个"高不成，低不就"的尴尬位置——比高中及以下学历人群有梦想，却没有研究生、本科生那样的机会和能力。

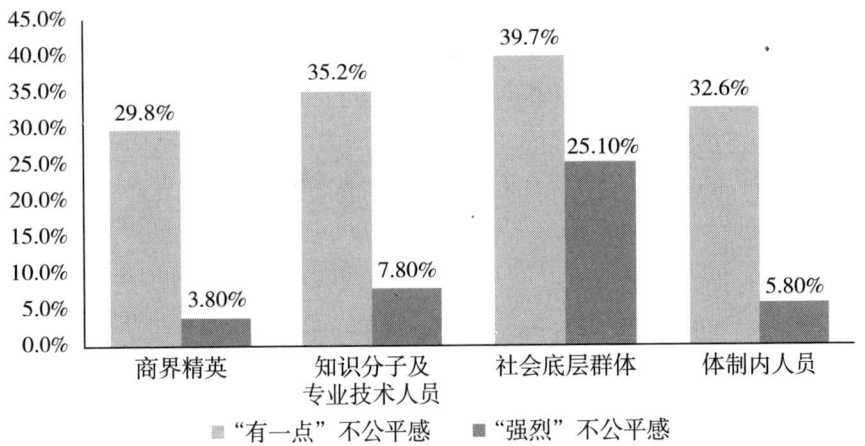

图 2-1　各群体中"有一点"不公平感和"强烈"不公平感的用户比例

数据显示,"毫无"梦想与希望的大专(含高职)学历达 10.9%,发展效能感远低于研究生,后者比例仅为 3.7%。同时,他们的生活压力感又是四大学历群体中最重的,占群体总数的 60.5%,比四大群体的平均比例高出约 14%。如此,低效能、高压力的大专学历群体不公平感会强烈便不足为奇。

此外,体制外人员对不公平的感受要强于体制内人员。前者中抱有不公平感的人占比 47.1%,超出后者 4.5%。不少网络用户明确表示,体制是影响社会"不公"的一个重要因素。在具备相关态度的网络用户中,有 22.2% 的人认为,包括国有企业在内的"体制内管理者"是改革开放以来受益最多的群体。

三、壮年、老年群体社会负面情绪表达较强,不公平感人群渐呈年轻化趋势

数据显示,正值壮年的 70 后是"不公平感"、"社会不安全感"表达相对较强的群体,见图 2-2。其中,有 51.2% 的 70 后表现出了或强或弱的"不公平感",这一比例与 50 后、60 后群体相差并不大:50 后、60 后群体中分别有 50.0% 和 50.3% 的人感到了不公平;而以 80 后、90 后为代表的年轻群体对不公平的感受,与以上三个代际群体相比,则相对较弱,有"不公平感"的人分别占 43% 和 38.4%;

无独有偶，70后群体中感到不安全的人同样占到人群总数的51.2%，比例与50后、60后群体相差也不大。后面两个群体的这一比例分别为48.7%和47.0%。而80后、90后在这一情绪上的表现同样与其他三个代际群体存在相对明显的差异，感觉到"社会不安全感"的人分别占40.8%和26.7%；

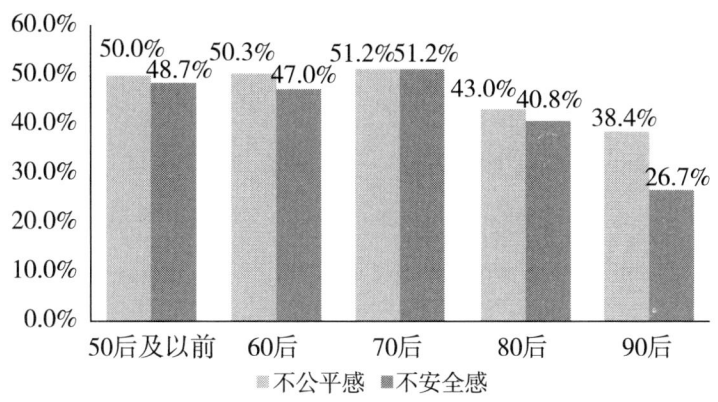

图2-2 各年龄层用户表达不公平感与不安全感的比例

此外，"不公平感"人群还呈现年轻化趋势。表现之一，80后的"不公平感"相对突出，对收入分配关注度较高，满意度较低：有34.5%的80后群体关注收入分配议题但却无人满意。表现之二，年轻人的生活压力感突出：80后和90后中有生活压力感受的分别占53.5%和57.5%，比例远高于70后群体。表现之三，年轻人的"不公平感"多来自社会机会的不平等。数据显示，90后中对"户籍问题"、"就业问题"表示满意的人数皆为零。初入社会的90后和涉世未深的80后所面对的是阶层相对固化、物价不断上涨的发展瓶颈期，面临着社会机会的饱和与资源竞争的激烈，无疑要承受较大的社会压力，因而由此感叹"不公"也在所难免。

四、财富两极的群体"感同身受"，社会不安全感根源复杂

与不公平感类似，社会底层群体的"社会不安全感"同样最为强烈，占比50.5%。商界精英是持有这一情绪的第二大群体，占比45.8%。由此可见，位于财富两极的人群都有强烈的"社会不安全感",但不安全感的产生却有不同的具体的社会原因。

从数据上看,社会底层群体的不安全感可能主要来自于社会保障不足——其社会财富的拥有程度不足以支撑其生活无忧,因此产生"不安"。这点在调查中主要表现为:社会底层群体对"收入分配问题"的关注度较高,满意度却很低。约有43.9%的社会底层群体对"收入分配问题"表现出了关注,这一比例仅次于商界精英群体(占有效样本数的49.3%),并较明显地高于体制内人员(占有效样本数的41.3%)和知识分子及专业技术人员(占有效样本数的34.4%),详见图2-3。就"收入分配问题"的满意度来看,社会底层群体的满意度明显低于其他群体:仅有5%的人表示满意。这一比例远低于知识分子及专业技术人员的30.2%和体制内人员的30.6%;此外,社会底层群体还是针对"收入分配"进行网络抗议最多的群体,约有7.9%的社会底层人员对目前的收入状况有过网络抗议行为。而商界精英的不安全感则可能来源于对未来前途的焦虑和对现有财富的恐慌。商界精英对反腐的关注度为54.3%,仅次于社会底层群体,也间接地说明了这一问题。

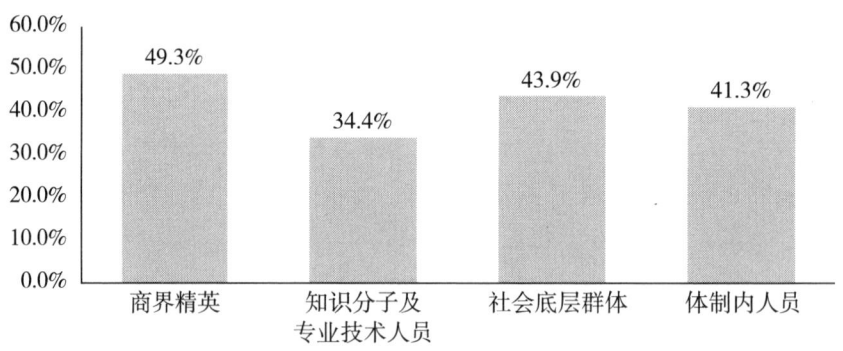

图 2-3 各群体对"收入分配问题"的关注度

五、年长者需要更多安全感

与不公平感的年轻化趋势不同,年纪越大的群体,不安全感反而越强。

60后、50后及以前人群中,"有一点"不安全感的人数分别占到32.7%和43.1%。其中,60后中感到"强烈"不安的人达14.3%,高出平均值约5%。而70后、80后、90后的年轻一代,对社会不安全的感受均弱于年长者。

第二节 希望与梦想

一、底层群体"发展效能感低"、"生活压力感大"

发展效能感,即对个人发展能够达到系统目标程度的感知,是个人追求及价值实现的重要指标。数据显示,相较别的社会群体阶层,社会底层群体的个人实现程度最低,"毫无"发展效能感的占比18.9%,而商界精英、知识分子及专业技术人员、体制内人员发展效能相对良好,"毫无"发展效能感的商界精英仅占群体总数的1.3%,而体制内人员和知识分子及专业技术人员的这一比例也明显低于社会底层群体,分别为5.1%和5.3%,详见图2-4。

同时,社会底层群体也是生活压力感最强的群体,"有一点"或"强烈"感到压力的分别占群体总数的47.9%、18.3%,对生活压力的感受程度明显高于其他社会群体。

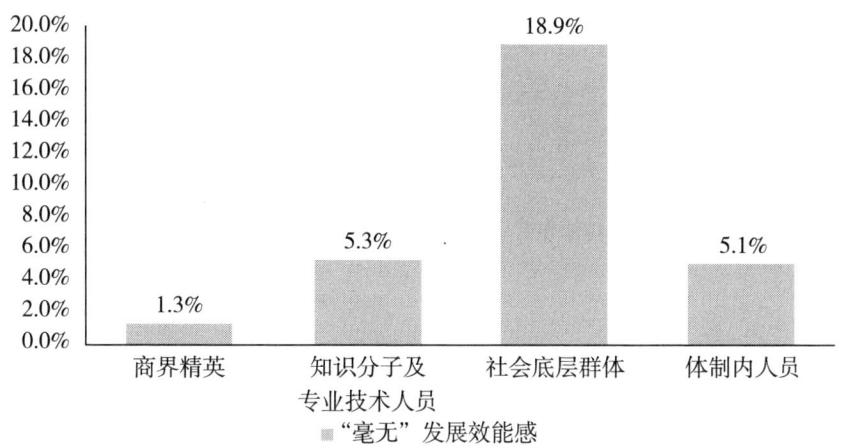

图2-4 各群体中"毫无"发展效能感的用户比例

二、"发展效能感"逐龄增加,"生活压力感"逐龄减弱,年轻人相信梦想

数据显示,网络用户的"发展效能感"整体上随年龄层的增大而变强;抱有"强烈"发展效能感的人更多集中分布在60后、70后人群里,这与"资历社会"的现实情况不无关系。年龄层越高,社会资历越丰富,接触到的社会资源就越多,发展效能可能更好;而年龄层越低,发展的变数越大,社会经验越欠缺,发展效能感低也在情理之中;相反,"生活压力感"呈现出年龄层越小、压力感越强的特征,见图2-5。其中,80后、90后的生活压力尤为突出,有压力感的分别占到各自群体的53.5%、57.5%。

然而,虽然年轻人已明显感受到社会的不公及其所带来的生活压力,但他们依然相信有付出就会有回报。数据显示,90后中"有一点"发展效能感的相对人数最多,占比46.5%,80后居其次。可见,年轻人们对未来虽然还没有十足的把握,但也相信梦想,不会轻言放弃。

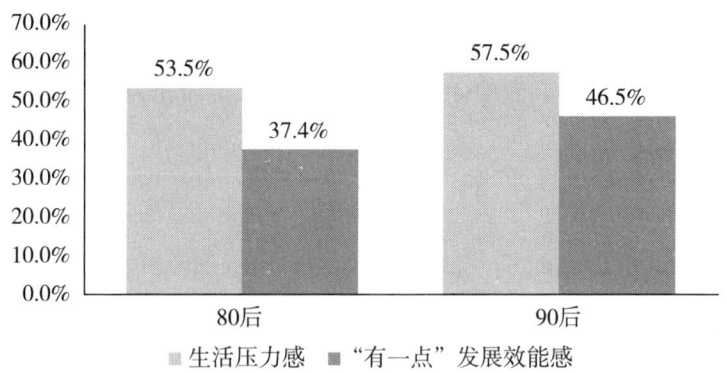

图2-5 80后、90后群体中有生活压力感和"有一点"发展效能感的用户比例

三、受教育水平越高,发展效能感越强;女性发展效能感略强于男性,中部地区发展效能感最差

数据显示,网络用户的发展效能感与学历相关,呈现受教育水平越高、

其发展效能感相对就越强的特征。"毫无"发展效能感的研究生约占群体总数的3.7%，这一比例在本科生群体中为5.6%，在大专生群体中为10.9%，在高中及以下学历群体中为12.5%；而发展效能感"强烈"的研究生群体占总数的39.4%，这一比例在本科生群体中为30.7%，在大专生群体中为27.7%，在高中及以下学历群体中为0.0%。

女性网络用户中表现出良好"发展效能感"的约占66.0%，略高于男性（占有效样本数的64.6%）。而体制外群体中持有"发展效能感"的人出现的频次普遍低于体制内群体："毫无"发展效能感的体制内人员占群体总数的4.8%，而体制外人员中"毫无"发展效能感的占9.6%；"有一点"发展效能感的体制内人员占群体总数的35.9%，而体制外人员占34.0%；发展效能感"强烈"的体制内人员占群体总数的31.5%，而体制外人员占28.7%。

数据还显示，发展效能感中部与西部地区差异不大，东部地区相对较强：中部地区和西部地区"毫无"发展效能感的人分别占各地区群体数的9.5%、9.4%，这一比例在东部地区仅为6.2%；而东部地区有"强烈"发展效能感的人占地区群体人数的32.0%，这一比例在中部和西部地区分别为26.3%和26.5%。

虽然，中部地区经济发展水平不是最差，但相对而言，中部地区网络用户却表现出"发展效能感"最低、"生活压力感"最高（相对而言，数据并不甚突出）。这点不仅体现在中部地区在"发展效能感"上微弱于西部，更体现在中部地区的"生活压力感"略强于另两个地区："毫无"生活压力感的中部网络用户占群体总数的28.0%，这一比例在东部地区和西部地区分别为36.5%和31.4%；而感到"强烈"生活压力的中部网络用户占群体总数的12.5%，这一比例在东部地区和西部地区分别为5.8%和10.3%。

第三节　仇官与仇富

一、仇官情绪高于仇富情绪

数据显示，在现有对官员、富人、专业技术人员的负面情绪中，仇官情绪占据了主流。18.3%的网络用户表现出了不同程度的仇官倾向，而持有仇富和仇恨专业技术人员情绪的网络用户分别仅占7.6%和5.2%，见图2-6。

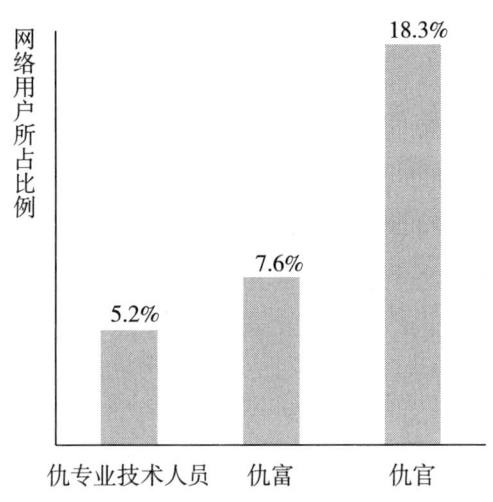

图2-6　仇官、仇富、仇专业技术人员的比例

在仇视情绪所针对的三大主体中，人们对权力的仇视甚于财富，对财富的仇视又甚于知识。权力与财富相对容易被垄断而往往掌握在少数人的手中，只有知识的获得是普罗大众较容易实现并与付出成正比的。知识获得的接近性与能动性为要改变阶层命运的人提供了可能性和主动权。

二、高学历更易"仇官不仇富"，对知识技术的批判主要来自于知识分子内部

数据显示（见图2-7），受教育水平越高，仇富情绪越不明显，而仇官情

绪却越发显著（本科群体例外）：在研究生及以上学历群体、本科生学历群体、大专（含高职）学历群体及高中及以下四大学历群体中，有"仇富"情绪的人分别占各自群体总数的5.6%、7.1%、8.4%、10.4%，而有"仇官"情绪的人分别占各自群体总数的21.2%、17.2%、18.5%、18.8%。其中，大专（含高职）学历群体对权力与财富的极端仇恨情绪最突出："强烈"仇官的大专（含高职）学历人员占本群体总数的10.9%，此比例在研究生及以上学历群体中为7.4%，在本科生学历群体中为2.9%，在高中及以下群体中为2.1%；而"强烈"仇富的大专（含高职）学历人员占本群体总数的4.2%，此比例在研究生及以上学历群体中为0.8%，在本科生学历群体中为1.7%，在高中及以下群体中为0.0%。此外，网络用户对专业技术人员的仇视也呈现出学历越高仇视倾向越明显的特征，且这种仇视情绪主要来自于知识分子及专业技术人员内部。数据显示，4.7%的研究生和4.5%的本科生对专业技术人员怀有敌意，此比例约为大专生的两倍；且有6.9%的知识分子及专业技术人员和5.0%的商界精英对专业技术人员怀有敌意，高出社会底层群体和体制内人员2%—3%。这种矛盾的产生可能源于知识分子群体本身的特征，这一群体的成员因具备某一领域的专业技术或更广阔的知识视野，在看待观点与问题时往往更具批判性和斗争性，对知识与技术有着比其他群体更高的要求。

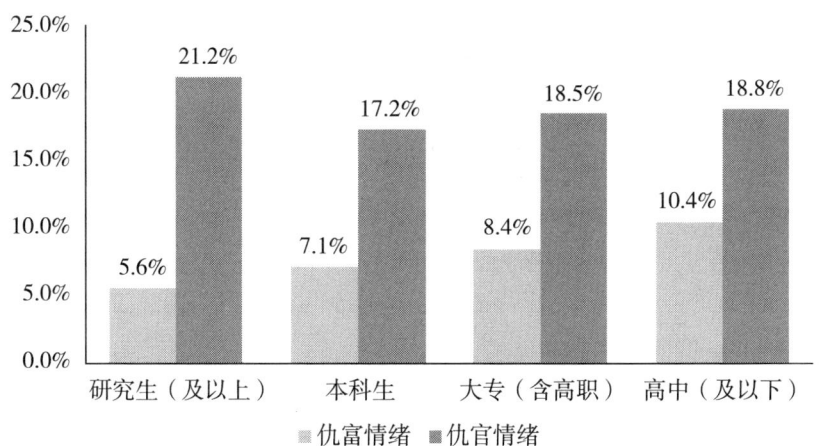

图2-7 各学历阶层用户的仇官、仇富比例

三、70后"三仇"突出，90后情绪温和，网络用户仇富情绪逐龄渐显

在明确表达了态度的样本中，约有25.9%的70后怀有仇官情绪，另有4.9%怀有仇恨专业技术人员的敌对情绪，70后成为"三仇"情绪的主要表达群体。而90后由于经历尚浅，敌对情绪较弱，其仇官、仇富、仇专业技术人员相关情绪出现的频次依次为11.1%、4.0%、3.1%，详见图2-8。

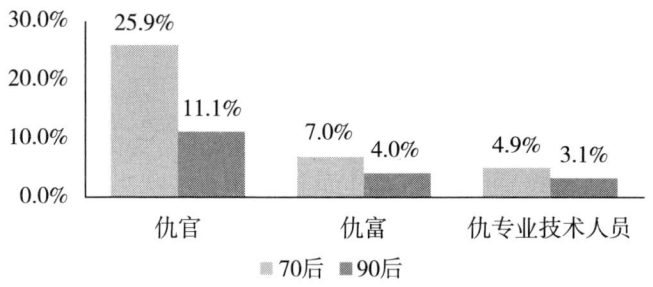

图2-8 70后与90后群体的"三仇"情绪比例

此外，年龄越大，仇富倾向就越明显。50后及以前、60后、70后、80后、90后仇富情绪出现的频率依次为9.7%、9.1%、7.0%、6.2%、4.0%。这种分布特点的出现可能与中国从均富时代发展而来的历史背景以及贫富差距逐渐加大的社会现实有关。

四、中部仇官又仇富；东部仇官不仇富

数据显示，中部地区的网络用户仇官、仇富的情绪分别占本地区群体总数的18.6%、9.4%，东部地区的网络用户仇官、仇富的情绪分别占本地区群体总数的19.0%、7.0%，西部地区的网络用户仇官、仇富的情绪分别占本地区群体总数的16.1%、8.1%。其中，中部地区出现极端仇恨情绪的频率均大于其他两个地区：中部地区"强烈"仇富情绪出现的频率为3.4%，而东部和西部地区此频率分别为1.2%和2.7%；中部地区"强烈"仇官情绪出现的频率为7.8%，而东部和西部地区此频率分别为4.5%和4.9%。综合而言，中部

地区的网络用户对权力与财富的仇视情绪相对突出一些；与此同时，中部地区的网络用户还表现出了较高的不安全感、不公平感、生活压力感和较低的发展效能感。这些复杂的社会情绪交织在一起，揭示了中部地区发展的诸多问题，该地区可能蓄积了越来越多的社会负面情绪。

而相对发达的东部地区，网络用户则更多地对官员、专业技术人员怀有敌意，仇富情绪最弱。有5.3%的东部网络用户表现出对专业技术人员与知识分子群体的仇视，其中"强烈"仇视的占0.8%，中部地区有5.0%的网络用户表现出对专业技术人员与知识分子群体的仇视，其中"强烈"仇视仅为0.4%；而西部地区表现出对专业技术人员与知识分子群体的仇视的人仅占群体总数的1.8%（三地区的仇官、仇富情绪对比上文已述）。经济社会发展成熟的东部地区，仇富情绪弱并不为奇，但仇官、仇专业技术人员与知识分子群体的情绪值得特别注意。

第四节　忧国情怀与拥趸潜质

一、社会底层群体领袖崇拜最坚定，体制内人员最爱国

知识分子及专业技术人员和体制内人员中存在一定领袖崇拜的情结，有"领袖崇拜"感的分别占各自群体人数的11.9%、10.8%；但从强烈程度上看，社会底层群体对领袖的信仰却最为坚定，有"强烈"领袖崇拜情结的占4.2%，而与之相对，体制内人员的这一比例仅为1.4%。

就爱国主义而言，社会底层群体所表达出的爱国意愿最弱，仅占群体人数的37.8%；体制内人员的爱国情绪最强，高达57.8%。然而，无论是领袖崇拜，还是爱国主义，商界精英的表现都差强人意。商界精英中出现领袖崇拜的可能性为四大社会群体中最小，爱国主义情感也只是略强于社会底层群体："毫无"领袖崇拜倾向的商界精英占群体总数的93.7%，这一比例在知识

分子及专业技术人员中为88.1%，在社会底层群体中为91.0%，在体制内人员中为90.2%；而表现出"强烈"的领袖崇拜情感的商界精英占群体总数的1.7%，这一比例略高于体制内人员的1.4%，略低于知识分子及专业技术人员的2.0%，较明显低于社会底层群体的4.8%。

二、领袖崇拜、爱国情感的强弱与年龄层高低基本呈正相关

综合而言，领袖崇拜的可能性随着年龄的增大而加大。50后及以前人群中最容易产生崇拜情绪，有此倾向的约占人群总数的22.2%，其次是60后、70后、80后，分别占各自群体的16.4%、11.9%、6.6%。

爱国主义情感分布也基本遵循这一规律，60后至90后中，年龄越大的人，其爱国主义倾向就越明显。只有50后及以前群体比较特殊，爱国主义情感并不显著，有关指标的频次均低于其他年龄群体："毫无"爱国主义情感的50后及以前群体占群体总数的9.7%，这一比例在90后中为7.9%，在80后中为5.5%，在70后中为8.8%，在60后中为7.1%；"有一点"爱国主义情感的50后及以前群体占群体总数的19.4%，这一比例在90后中为19.7%，在80后中为25.1%，在70后中为26.5%，在60后中为26.0%；而具有"强烈"爱国主义情感的50后及以前群体占群体总数的23.6%，这一比例在90后中为25.2%，在80后中为23.6%，在70后中为26.5%，在60后中为31.6%。

三、高学历人群、男性、体制内人员更易出现领袖崇拜和爱国主义情绪

就各学历群体而言，本科学历和研究生及以上学历群体是领袖崇拜和爱国主义情绪较为突出的群体：研究生及以上学历群体中，有"领袖崇拜"情绪的占8.5%，有"爱国主义"情感的占50.8%；本科学历群体中，有"领袖崇拜"情绪的占10.9%，有"爱国主义"情感的占51.8%；虽然，整体上，两个群体中出现"领袖崇拜"与"爱国主义"情感的频率相差不大，但皆高于大专（含高职）群体及高中及以下群体。大专（含高职）学历群体和高

中（及以下）群体中,"领袖崇拜"情绪出现的频率分别为 3.3% 和 6.3%,而"爱国主义"情感出现的频率分别为 40.3% 和 27.1%。

此外,数据还表明,男性中出现领袖崇拜倾向的频率高出女性 6%,出现爱国主义情感的频率更是高出女性 7.5%;而体制内人员的领袖崇拜倾向高出体制外人群 3%,爱国主义情感高出 10%。可见,男性的爱国情怀甚于女性,体制内人员甚于体制外人员。

第三章 社会认同

第一节 舒适幸福感

较为稳定舒适的生活是各个受教育群体的主要社会地位感受,本科生群体比例最高,为69.5%;研究生(及以上)生活幸福感为62.8%;本科以下(大专、高中及以下)则是"一般"占主流。研究生(及以上)虽然没有在"较为稳定舒适"中达到最高,但是其"优越感"则领跑其他受教育群体,达到39.5%,即有近40%的研究生(及以上)学历者具有一定的优越感。

对有效数据进行统计发现,大专(及以上)学历对于自身的阶层判断,主流为"中中",但高中(及以下)的主流判断是"下下",读大学确实可以实现从最低水平到中级水平的阶层判断跃迁;另外,研究生(及以上)学历对阶层感受第二位的判断是"中上",本科与大专则是"中下",且后两者的"中上"判断依次递减,可见"读研"对于提升自身阶层感受具有一定影响。

幸福感随学历降低而降低,高中(及以下)学历"不幸福"的比例最高,相对剥夺感也最高,达到了35.9%。高学历的优越感与低学历的相对剥夺感形成鲜明对比。

第二节 阶层互识

一、"体制内管理者"成为公认改革开放的最大赢家

不受地域、群体、受教育水平、性别、年龄以及体制内外影响,"体制内

管理者"是公认的改革开放的最大赢家。其中又以西部地区（95.1%）、社会底层群体（96.5%）、高中（及以下）学历（100%）、男性（93.1%）、体制内人员（94.2%）、50后及以前（96.0%）认可率最高。

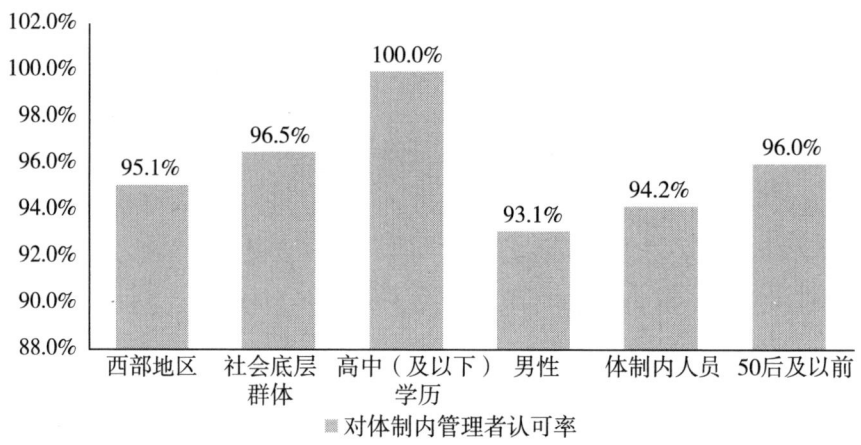

图 3-1 不同群体对体制内管理者的认可率

二、"胳膊肘朝里拐"：同群体内部更有好感度，商界精英最爱抱团

除社会底层群体之外，各个群体都不同程度地表现出对本群体更有好感且好感度均过半。其中又以商界精英为最喜欢抱团。社会底层群体是唯一对同群体好感度不高的群体，他们更加偏爱知识分子及专业技术人员。

三、知识分子及专业技术人员具备"跨界好感"，可能成为凝聚社会各群体的潜在力量

知识分子及专业技术人员在各地域、群体、受教育水平、性别、年龄以及体制内外人气普遍最高，具有"跨界好感"。知识分子及专业技术人员对除大专生以外的群体都获得了较高的好感度，并且学历越高，对其好感度越强。不分男女，知识分子及专业技术人员都取得了最高的好感度，男女通吃。此外，知识分子及专业技术人员还获得了体制内外的共同认可，成为各个年龄

群体最有好感的对象。数据显示，50.0% 的社会底层群体对该群体最有好感，14.3% 的社会底层群体愿意响应该群体的网络号召。

但在某些群体中，知识分子及专业技术人员也遇到了"反智"倾向：大专生更加偏爱体制内人员，好感度比知识分子及专业技术人员高出了 30.8%；在最具成见的群体中，大专生除了对体制内人员最有成见外，知识分子及专业技术人员是其次具有成见的对象。大专群体对知识技术人员存有蔑视情绪，消极实用主义盛行。

从长远角度看，知识分子及专业技术人员可能成为凝聚社会各地缘人缘的潜在力量。

四、体制内人员：偏爱有加，成见最大

在西部地区，体制内人员也获得了同知识分子及专业技术人员相差无几的好感（仅相差 2.8%），而在其他地区两者差距较为明显。大专生更加偏爱体制内人员，好感度甚至比知识分子及专业技术人员高出了 30.8%。男性对体制内人员和商界精英的偏好不明显（体制内人员仅比商界精英高出 3.5%），女性则更加偏好体制内人员（体制内人员比商界精英高出 15.7%）。相比较其他年龄段，90 后和 60 后都表现出对体制人员的次好感（仅次于知识分子及专业技术人员）。

但是另一方面，体制内人员也是争议最大的群体。各地域也表现出对于体制内人员成见最大。各个年龄段对体制内人员都存在最大成见，并且年龄越大，成见的比率越高（70 后与 60 后持平）。

第三节　主观阶层认同

一、东部地区最自信优越，舒适安逸是主流地位感受

各地区对于自身阶层判断都以"中中"为最多，接近或略超过一半。东部地区"中上"略超过"中下"(相差3.4%);中部和西部情况类似,"中下"比率高于"下下"。由此可见东部地区最为自信。各地对于自身的社会地位以"较为稳定舒适"为主流,每个地区都超过60%的认可率。就各地区比较而言,东部对于自身的优越地位更加确认。

二、商界精英最有优越感,知识分子及专业技术人员最舒适,体制内人员倾向于"中中""中下"地位,底层终究是底层。

如图3-2所示,商界精英自我感觉最好,优越感最强,高于一半认为自身的阶层属于"中上";知识分子及专业技术人员生活最为舒适,体制内人员自我感觉以"中中"为主,但是知识分子及专业技术人员"中中"与"中下"比例差距较大,为49.6%,而体制内人员"中中"与"中下"仅差了20.6%,比知识分子及专业技术人员少了一倍。社会底层群体过半认为生活"较为稳定舒适",但超过半数认为是自身处于"下下"位置,而"中下"与"下下"共有74.6%,即差不多3/4的社会底层群体认为自己的社会位置是"中下以下"。

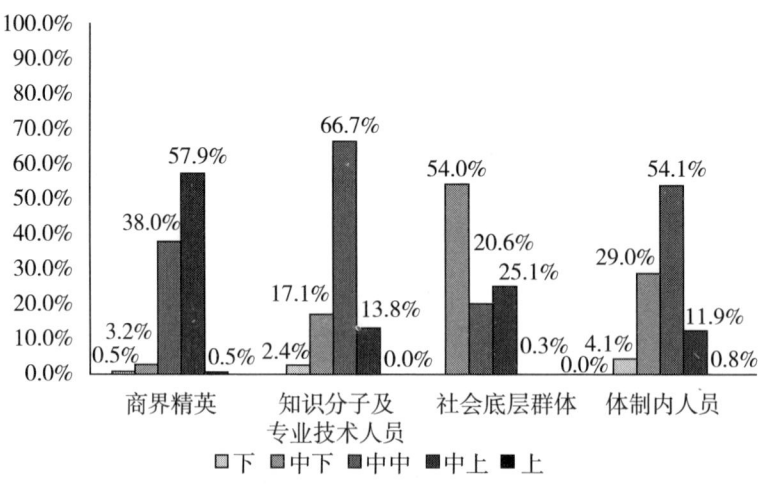

图3-2 群体对自我阶层位置的判断

三、内外有别：体制内自我阶层判断趋中，体制外则差异明显；体制内外影响自身社会地位的感受

体制内的自我阶层判断"中中"超过半数，其次和再次为"中下"和"中上"；而体制外虽然自我阶层判断也以"中中"为主流，但未过半数（46.3%），且其次为"下下"，再次为"中上"，群体内部差异明显。这说明现阶段在一定程度上，体制外的差异、风险与不确定性较高。

体制内外的区别在生活"较为稳定舒适"的指标上表现并不明显，体制内外都超过六成；但是体制内表现出更高的优越感，体制外则表现为更高的相对剥夺感。

四、中坚、分化与断裂：60后、70后成为社会中坚；50后及以前分化明显，安逸有余优越不足；80后、90后蓄势待发且80后内部已经发生分化；70后与80后对自身社会地位感受断裂

60后、70后领跑自我阶层判断的"中中"与"中上"，超过半数的60后、70后认为自己处于社会阶层的中间水平，而认为自己处于"中上"水平的也有30%以上；相比较而言，50后及以前虽然也有45.8%的人认为自己处于"中中"，但是处于"下下"的则占23.7%，再次才是"中下"，分化明显；80后与90后目前对于自身阶层判断还以"中中"和"中下"为主，但是趋势朝向比较乐观。值得指出的是，80后自身内部已经出现较大分化，"中中"与"中下"相差近34%，而这一差距在90后只有4.4%。

有效数据显示，虽然60后的生活舒适安逸比例还不如90后，但优越感却最高；50后及以前的生活最为稳定舒适，远远高过其他年龄群体的比例，但优越感甚至不如90后；70后与80后的生活感受呈现年龄断裂：70后中有31.5%具有优越感，而80后优越感垫底，相对剥夺感反而更高。

第四节　网络抗议

一、网络抗议人数没有想象中高，网络暴力指数与社会戾气过高假设不符

在1800个样本中，仅有14.6%的网络用户采取过价值诉求取向的网络抗议行为，仅有3.3%的网络用户担任过某种形式的网络抗议发起人，见图3-3。之前对于互联网上社会戾气过高的假设并没有被证实。

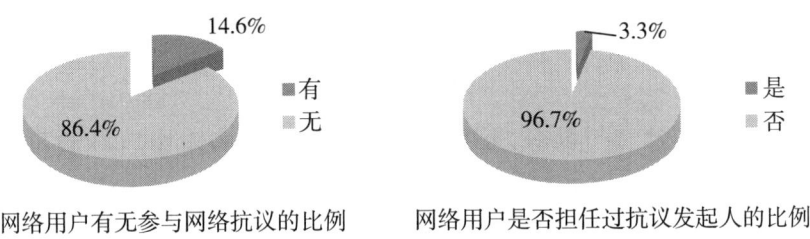

图3-3　网络用户参加网络抗议及担任抗议发起人的比例

二、网络抗议群体组织化程度有限，微博动员意愿不强

研究发现，网络抗议比例最高的社会底层群体极少"抱团"，微博动员意愿不强。仅有15.9%的社会底层群体在抗议时会寻求本群体其他人士的支持，是四个群体中同群体动员意愿最弱的。另外，在有效样本中，近80%的社会底层群体从未与同行互动。相比之下，商界精英、体制内人员、知识分子及专业技术人员均有超过40%的人与同行在微博上互动。在响应网络行动的群体选择上，仅22.8%的社会底层群体选择响应本群体，而其他三个群体均有三成或以上的人选择响应本群体发起的网络行动。

可见，作为网络抗议主力军的社会底层群体抗议的组织化、集群化程度有限，微博抗议的影响力和号召力限于相对较小的范围。

三、商界精英与知识分子及专业技术人员最具网络行动号召力，体制内人员垫底

四大社会群体内部都具有较高的自我群体认可度，不仅对自身所在群体更具好感，同时也最响应该群体的号召，参与网络行动。

数据显示（见图3-4），四大社会群体各自对本群体发起的网络行动响应比例最高，其中商界精英群体内部认同度最高，有超过半数（50.6%）的商业精英在网络上积极响应本群体人员，惺惺相惜之情溢于言表，并无同行相轻情况。同时，该群体对知识分子及专业技术人员、体制内人员、社会底层的群体认同度均不高。

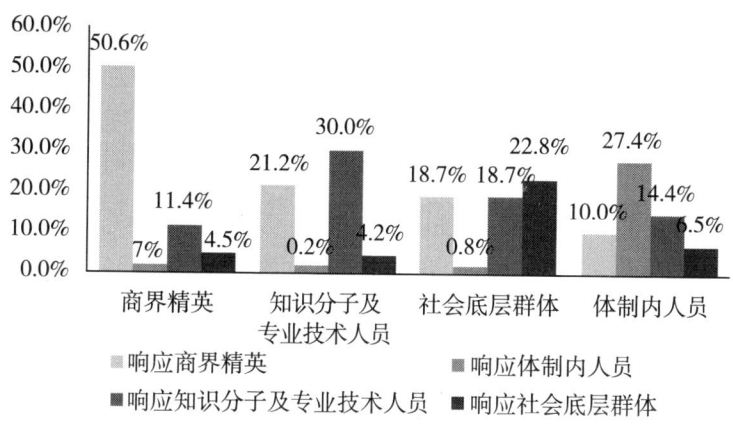

图 3-4　各群体相应不同群体网络行动的比例

从四大群体互相响应的情况来看，商界精英与知识分子及专业技术人员最具网络行动号召力，其中商界精英以23.0%的比例小幅超过知识分子及专业技术人员。不同的是，商界精英更受年轻人青睐，中老年人更倾向知识分子及专业技术人员。数据显示，90后、80后、70后中各有超过四分之一的网络用户响应商界精英发起的网络行动；相比之下，60后、50后及以前这两个年龄层更支持知识分子及专业技术人员发起的网络行动。

特别值得注意的是90后对网络行动的态度。数据显示，50.7%的90后

从未响应过四个群体中任一群体发起的网络行动，价值观最为多元。微博主要作为一种私人化的社交工具出现在90后的生活当中，在可判断的样本中，95.2%的90后用微博记录生活，74.6%的90后经常在微博上晒生活。

但是，体制内人员的网络行动号召力十分低下，除同群体的近三成支持率外，在其他三类群体中支持率均为1.0%左右；知识分子及专业技术人员对体制内人员的网络行动认同度最低，仅为0.2%。就地域来看，商界精英受到各区域的普遍支持，其中以中部地区响应度最高，约占四分之一的比例；体制内人员号召力地域差异明显，东部地区最低（5.4%），西部地区最高（11.1%）。

四、高学历人群集中支持商界精英与知识分子及专业技术人员，低学历群体选择多元，变数大

高学历群体（本科及以上学历）在响应网络行动号召时，具有明显的倾向性。数据显示，高学历群体倾向于支持、认同商界精英（23.6%）与知识分子及专业技术人员（30.4%），但对体制内人员（4.6%）及社会底层群体（3.4%）相对冷漠，评价走低。

大专（含高职）群体响应四群体网络行动号召的比例最为多元化，其中商界精英占27.3%，体制内人员占11.4%，社会底层群体占9.1%，知识分子及专业技术人员占15.9%。可见该群体内部异质性显著，尚未形成相对主流的价值判断标准。

第四章　社会思潮

第一节　文化态度与历史认知

一、东西之间：弘扬传统文化与学习西方不冲突

1. 弘扬传统文化成共识，商界精英支持比例最高，知识分子及专业技术人员态度相对谨慎

网络用户对传统文化的认可度高。1800位网络用户中，32.2%的用户支持弘扬传统文化，仅有3.6%不支持弘扬传统文化，两者相差10倍之多。在明确表明态度的643个有效样本中，支持传统文化的用户以90.0%的比例呈一边倒态势。

四大社会群体中，商界精英对传统文化的支持比例最高。数据显示，40.4%的商界精英对弘扬传统文化表示支持，体制内人员、社会底层群体、知识分子及专业技术人员的支持比例则分别为31.5%、30.8%、30.6%，较商界精英低近10%。

与商界精英的较高比例相比，知识分子及专业技术人员对传统文化的认可度较低。数据显示，5.3%的知识分子及专业技术人员明确表达了不支持弘扬传统文化的态度，该比例在四大群体中最高，体制内人员、社会底层群体与商界精英持相同看法的用户比例分别为2.1%、2.2%、2.5%，是知识分子及专业技术人员比例的一半。这表明，知识分子及专业技术人员与文化的关联度相较其他群体更高，但其对传统文化的态度认知上偏向谨慎，并非一味要求弘扬传统文化。

2. 近四分之一用户支持向西方学习，商界精英比例最高，体制内人员态度保守

在对传统文化有较高认可度的同时，网络用户也支持向西方文化学习。近四分之一的用户支持中国向西方文化学习，表达不支持的用户比例仅为5.0%，相差近5倍，见图4-1。

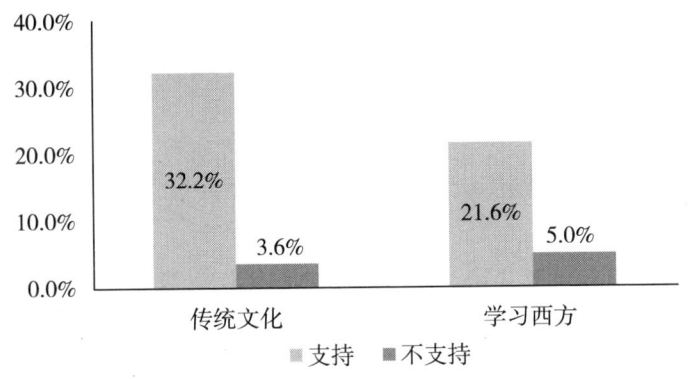

图4-1 网络用户对传统文化及学习西方的态度

四大群体中对西方文化的态度基本与其对传统文化的态度类似，商界精英依然突出，31.3%的用户支持向西方学习，位列第一；知识分子及专业技术人员与社会底层群体比例接近，分别以21.5%和20.3%的比例位列第二、第三；体制内人员对此态度最为谨慎，17.6%的支持态度相对较低。

二、肯定改革开放占主流，70后负面情绪有些重

1. 改革开放肯定呼声较高，各群体看法不一

网络用户对改革开放的评价中肯定呼声较高。在可明确判断其态度的样本中，55.7%的用户肯定改革开放成就，否定比例仅15.7%，该比例是肯定态度的三分之一，另有28.6%的用户表示改革开放功过参半，见图4-2。

四大群体中，体制内人员对改革开放的评价最高。数据显示，在可明确判断其态度的样本中，体制内人员62.8%的肯定比例居四大群体之首，其次

是商界精英，61.0%持肯定态度，社会底层群体和知识分子及专业技术人员的比例略低，分别为57.3%、50.7%。与之相对，知识分子及专业技术人员的负面情绪较明显，在可明确判断其态度的样本中，商界精英的否定比例最低，为7.8%，知识分子及专业技术人员的否定比例是其2倍多。

尽管商界精英与体制内人员对改革开放的评价以肯定居多，但其中认为改革开放功过参半的比例也较高。数据显示，在可明确判断其态度的样本中，31.2%的商界精英持功过参半态度，在四大群体中居首；体制内人员认为改革开放功过参半的比例为28.2%，比排在第二的知识分子及专业技术人员比例（28.5%）仅差0.3%。这表明，商界精英与体制内人员虽然对改革开放有较为明显的倾向性认知，但群体内部依然存在其他看法。

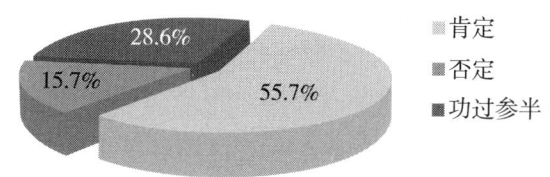

图4-2 网络用户对改革开放的评价

2. 中部地区肯定情绪突出，东部地区否定情绪较强

改革开放过程中，东部地区获益最多，然而东部地区用户对改革开放的评价并未因此表现出强烈的肯定态度，相反，中部地区的肯定情绪更为突出。在可明确判断其态度的样本中，72.7%的中部用户对改革开放持肯定态度，西部地区以60.0%的比例排在第二，东部地区以52.8%的比例排在第三，见图4-3。

此外，东部地区不仅肯定评价逊于中部地区用户，甚至还出现较强的否定情绪。在可明确判断其态度的样本中，18.0%的东部用户否定改革开放成就，该比例超过西部地区近6%，是中部地区比例（5.5%）的3倍多。一个可能的解释是，东部地区用户对改革开放的衡量标准并不以经济增长为唯一标准，其快速发展背后带来的一些社会问题可能影响其对改革开放的评价。

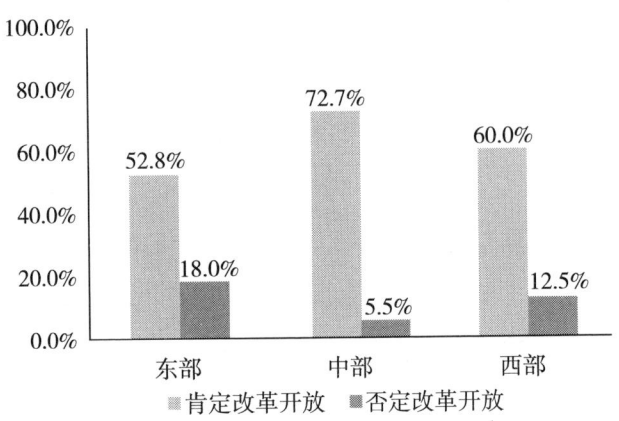

图 4-3 东部、中部、西部用户对改革开放的评价

3. 年轻人比年长者更肯定改革开放，70后对改革开放的负面情绪较重

网络用户对改革开放的评价具有一定的年龄性差异，主要体现在年长者与年轻人之间，前者指的是50后及以前、60后与70后用户，后者指的是80后、90后用户。数据显示（见图4-4），在可明确判断其态度的样本中，年长者肯定改革开放的比例为52.6%，年轻人肯定改革开放的比例为62.4%，前后相差近10%。

值得一提的是，70后群体对改革开放持肯定评价的比例最低。在可明确判断其态度的样本中，50.8%的比例比60后低近6%，比80后群体低近12%。同时，其群体内部对改革开放持否定态度的比例较高，在可明确判断其态度的样本中，70后的否定比例为18.5%，比60后高6%，比80后高近4%。

仔细研究70后用户在改革开放30年的成长历程可以发现，其本身相对其他年龄层用户来说是获利较多的群体，但也是反思较多的群体。成长于中国转轨变型新时期的70后对改革前的中国社会没有太多的印象，却见证了改革开放的每一步发展，与此同时，随着社会地位的提升与稳定，结合自身的职业背景，70后也开始反思现存社会问题的症结，两种经历的彼此交织可能影响其对改革开放的评价。

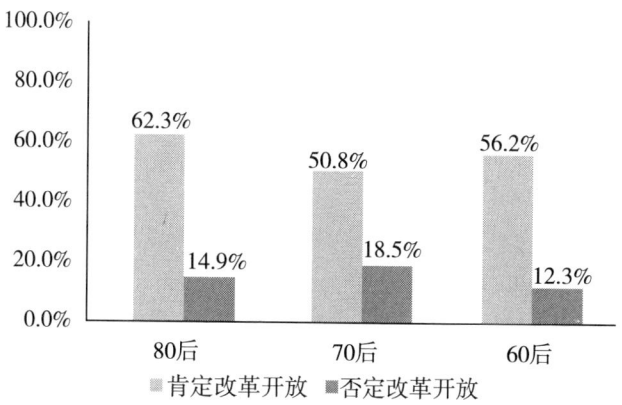

图 4-4　60 后、70 后、80 后群体对改革开放的评价

第二节　社会问题与群体立场

一、腐败被认为是中国社会面临的最大问题，社会底层群体关注领域广泛

1. **腐败、主流价值观缺失、社会稳定形势严峻、医疗教育等被网络用户认为是目前中国社会的最大问题**

数据收集中我们把网络用户所提到的中国面临的问题归纳为发展停滞、城乡差距、腐败、民主、政府、通货膨胀、收入分配、失业、主流价值观缺失、决策透明、医疗教育、阶层固化、民族问题、食品安全、环境污染、国际政治关系、国际军事关系、国际经济关系、社会稳定形势等问题。在对这一问题有明确态度的 1149 个样本中，分别有 13.7%、10.0%、5.1%、5.0% 的人认为腐败、主流价值观缺失、社会稳定形势严峻、医疗教育是中国面临的最大问题，见图 4-5。

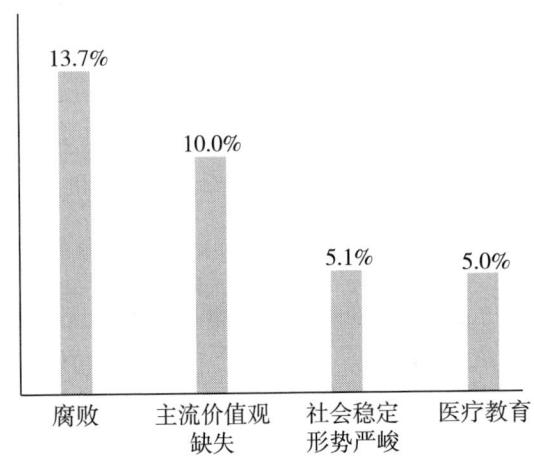

图 4-5　网络用户对中国面临的最大问题的认知

2. 民生问题与制度政策问题频繁关注比例最高，社会底层群体与体制内人员更关注

结合中国面临的社会问题，我们重点关注网络用户对于民生问题、制度政策问题、伦理道德问题、行业垄断问题、国进民退现象、公共支出、政府信息公开的关注程度。数据显示，民生问题与制度政策问题的持续关注比例最高，分别有 14.4% 与 13.1% 的用户频繁关注，其余问题的频繁关注率分别是 5.3%、3.3%、2.2%、2.7%、4.3%。

四大群体中，社会底层群体与体制内人员对民生问题与制度政策问题的频繁关注比例最高。在民生问题中，社会底层群体以 18.8% 的比例排在第一，体制内人员以 17.7% 的比例排在第二，知识分子及专业技术人员（13.3%）与商界精英（6.7%）较低；在制度政策问题中，社会底层群体 18.2% 的比例高出体制内人员近 4%，知识分子及专业技术人员与商界精英分别以 12.0%、6.3% 的比例排在第三、第四。

3. 社会底层群体问题关注广泛，频繁关注度与体制内人员不相上下

仔细研究四大群体对当前社会问题的关注程度，我们发现社会底层群体的关注领域十分广泛，且持续性较强，与体制内人员不相上下，见图 4-6。

6.7%的社会底层群体频繁关注伦理道德问题，仅次于体制内人员（7.2%），高于知识分子及专业技术人员（4.8%）与商界精英（1.3%）；对于行业垄断问题，商界精英中仅1.7%的用户对此频繁关注，反之社会底层群体中有3.4%的用户频繁关注，是前者的2倍；此外，4.2%的社会底层群体频繁关注国进民退现象，超过2.3%的体制内人员、1.6%知识分子及专业技术人员和0.8%的商界精英；在公共支出与政府信息公开的问题上，社会底层群体与体制内人员的关注比例相近（公共支出问题中，二者频繁关注比例分别为3.9%、4.2%；政府信息公开问题中，分别为6.1%、5.3%）。

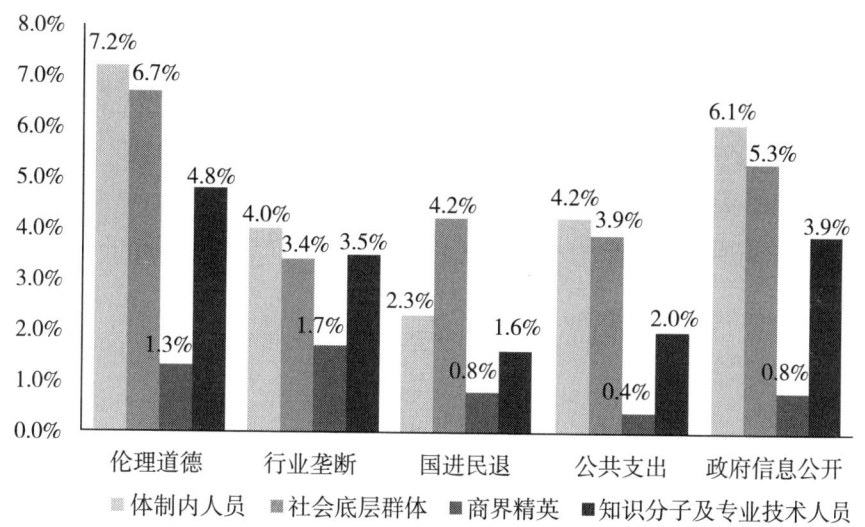

图4-6　各群体对伦理道德、行业垄断、国进民退、公共支出、政府信息公开问题的持续关注比例

4. 网络用户普遍认为税收"偏高"，社会底层群体较为突出

税收问题在当前社会讨论较为热烈且看法不一。数据显示，网络用户认为税收偏高的比例占相对多数，在总体样本中，有6.7%认为"有点高"，另有1.8%的用户表示税收"高得离谱"，相比之下，仅1.1%的用户认为税收处于合理范围。在可明确判断态度的174个样本中，88.5%的用户认为税收偏高，是认为税收合理的用户的7倍多。

对税收的不同看法在社会底层群体与体制内人员中表现得更为突出。数据显示，3.3%的社会底层群体认为税收高得离谱，该比例是体制内人员的8倍；相应地，仅0.3%的社会底层群体认为税收目前处于合理水平，该比例是体制内人员的三分之一。

二、底层立场与中间立场比例接近，"平等观"存在群体、学历、代际差异

1. 商界精英与知识分子及专业技术人员偏向中间群体，社会底层群体与体制内人员倾向底层立场

网络用户中明确持底层群体立场者与持中间立场者比例接近，分别为37.3%与31.6%，仅4.4%的用户持上层群体立场，见图4-7。仔细研究各群体之间的群体立场，发现商界精英与知识分子及专业技术人员偏向中间群体，社会底层与体制内人员倾向底层立场。

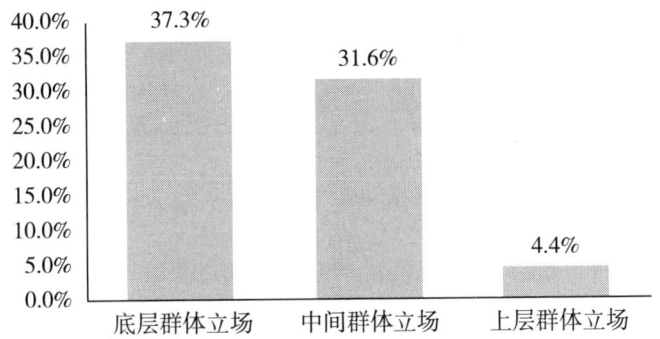

图4-7 网络用户的群体立场比例

在明确表态的163位商界精英中，58.9%持中间立场，倾向底层立场者仅为其四分之一；在521个有效样本中，54.5%的知识分子及专业技术人员持中间立场，超过底层立场者14%；306位明确表态的社会底层群体中，79.3%持底层立场，占绝大多数；330位表态的体制内人员中，底层立场者（53.9%）以14%超过中间立场者。

尽管知识分子及专业技术人员和体制内人员总体呈现出一定的立场倾向，但群体中的分歧也较为明显，说明其内部尚未达成统一的群体立场，这也造成群体内部的论争。

2. 机会平等认同高于结果平等认同，知识分子及专业技术人员最不强调机会平等优先

在可明确判断其态度的671个样本中，67.2%认同机会平等优先，32.8%认同结果平等优先，认同机会平等的人是认同结果平等的人的2倍多。

在可明确判断其态度的样本中，四大群体对平等的看法也存在较为明显的差异，见图4-8。其中最突出的在于知识分子及专业技术人员对机会平等优先的认同比例最低，虽有60.3%的比例强调机会平等，但其比例明显低于商界精英（84.5%）、体制内人员（72.5%）与社会底层群体（63.6%）。与其他群体相比，知识分子及专业技术人员支持结果平等优先的比重最高（39.7%）。

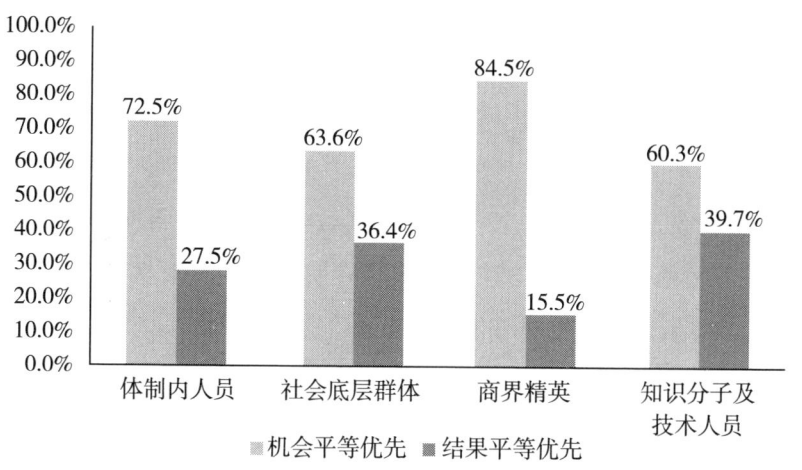

图4-8　各群体对平等的看法

3. 大专生认同结果平等的比例较高

在可明确判断其态度的样本中，各学历层次群体中，大专（含高职）群体支持结果平等优先的比例最高，在该群体中，认同结果平等优先的比重为42.3%，其次是高中及以下（40.0%），再次是本科生（39.5%），研究生及以上学历的比例最低，为 19.1%，见图 4-9。不过，尽管不同学历层次的网络用户在对平等的看法上有差异，但认同机会平等优先的比重均在 55.0% 以上。

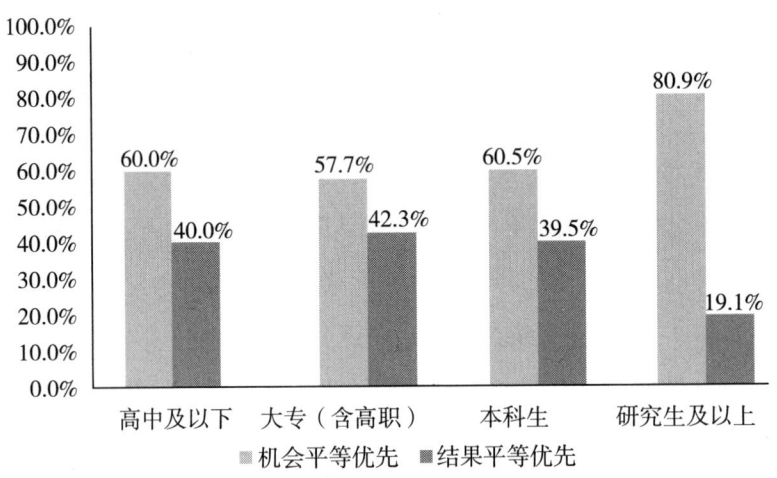

图 4-9　不同学历阶层用户对平等的看法

4. 年长者注重机会平等优先，90 后更认同结果平等优先

各代际群体对平等存在不同看法，其中年长者偏向机会平等优先，90 后却更认同结果平等优先。在可明确判断态度的样本中，60 后认同机会平等优先的比重最高，占比 78.2%，其次是 70 后（73.5%），再次是 50 后及以前（69.2%）。与之相比，90 后与前几代人存在明显不同，数据显示，超过半数（55.3%）的 90 后认可结果平等优先，而非机会平等优先。

三、知识分子及专业技术人员对转基因支持比例最高，反对意见各群体比例相近

转基因问题在近年来讨论得十分热烈，网络用户对该问题的意见以反对为主。数据显示，13.1% 的网络用户明确表态反对转基因，仅 2.8% 的用户表示支持，两者数据相差 5 倍左右，其余网络用户未明确表态。

四大群体中，知识分子及专业技术人员对转基因的支持比例最高，4.4%

的知识分子及专业技术人员明确表态支持，其次商界精英中2.1%支持，体制内人员和社会底层群体的支持率较低，分别为1.9%、1.1%，见图4-10。

尽管知识分子及专业技术人员的支持态度突出，但在明确表达反对意见的网络用户中，四大群体的比例较为接近。社会底层群体以14.9%的比例排在第一，知识分子及专业技术人员以14.1%的比例位列第二，商界精英和体制内人员分别以13.0%、10.3%的比例略逊一筹。

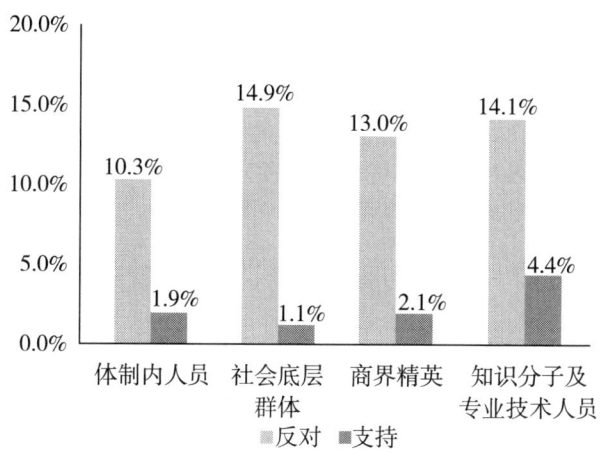

图4-10　四大群体对转基因的态度

第三节　对外关系与爱国主义

一、对外关系中国应独立自主　社会底层群体态度激进

1. 社会底层群体强硬派异军突起，知识分子及专业技术人员主张合作

在国际关系态度上，网络用户具有较明显的民族主义倾向，但是其表达以温和为主。在可明确判断其态度的样本中，60.8%的用户具有温和的民族主义倾向，27.6%的用户则表现得较为强硬。

在可明确判断其态度的样本中，52.6%的网络用户认为对外关系中我国应采用强硬的态度，47.4%的网络用户认可温和的态度。但是社会底层群体的强硬派异军突起，在可明确判断其态度的样本中，该群体中持强硬态度的比例高达72.5%，其次则是体制内人员，比例达61.0%，再次是知识分子及专业技术人员，比例达42.5%，最后是商界精英，比例达41.8%，见图4-11。

在国际关系强调合作还是强调冲突的问题上，52.9%的社会底层群体选择强调冲突，是各群体中唯一"冲突"比例大于"合作"的群体。一旦涉及国际问题，社会底层的激烈情绪突显，对中国国防能力的自信使其经常表达冲突言论，认为没有冲突的外交抗议是软弱的代名词。但是，在知识分子及专业技术人员群体中，73.7%的人选择了强调合作，位居各群体主"合"比例的首位，知识分子及专业技术人员主张在现有国际秩序的前提下和平解决各类争端。

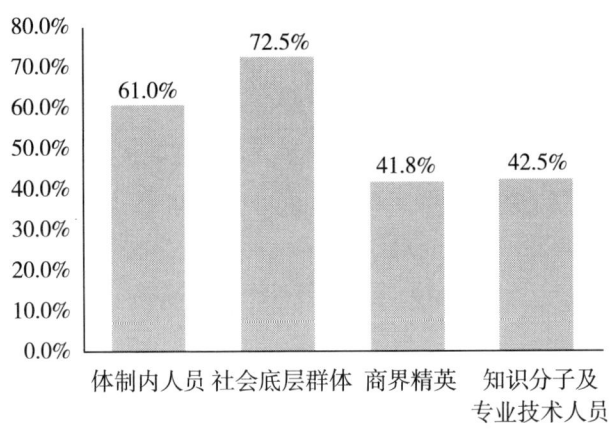

图4-11　四大群体中对外关系持强硬态度的用户比例

2. 中美关系存在跨群体共识，普遍呼吁中国应独立自主

在对中美关系的态度上，明确表达态度的用户中，有81.5%认为中国应独立自主。其中，体制内人员以91.0%的比例位居首位，主张独立自主的呼声最高；其次为社会底层群体（85.1%）；知识分子及专业技术人员群体以81.9%的比例位列第三；商界精英位列第四，有63.3%选择独立自主，亦有25.0%选择追随美国。这表明在中美关系的态度认知上，四大群体存在跨群体共识。

二、爱国主义情绪具有代际特征,高学历、男性、体制内人员成为标签

1. 体制内人员爱国情绪表达比例较高,社会底层群体爱国情绪表达比例最弱

数据显示,在可明确判断其态度的样本中,48.1%的网络用户表达出自己的爱国情绪,其中23.5%的用户爱国情绪十分强烈。四大群体中,体制内人员的爱国情绪最为突出,半数以上(57.8%)的体制内人员表达爱国情绪,其中33.6%情绪强烈。与之相比,社会底层群体表达爱国情绪的比例不高,仅占群体人数的37.8%,情绪强烈者比例为19.8%,低于体制内人员近14%。

相较之下,商界精英与知识分子及专业技术人员表达爱国情绪的比例较为接近,尤其是表达强烈者各占两类群体的23.1%、20.3%。不过总体而言,商界精英的爱国情绪表达弱于知识分子及专业技术人员,前者数据为42.0%,后者为49.3%。

2. 50后及以前群体爱国情绪特殊

50后及以前的网络用户在爱国情绪表达中显得有些特殊。表达了爱国情绪的50后及以前用户占群体比例为43.0%,该比例甚至低于90后(44.9%),遑论60后、70后、80后分别为57.6%、53.0%、48.7%的数据了(见图4-12)。一个可能的解释是,50后及以前群体已经经历过各种社会变革,处于退休状态的该群体用户逐渐走向社会边缘,对国家的情绪也在减弱。

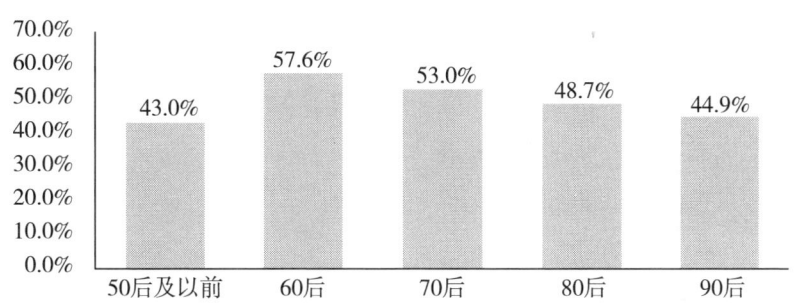

图4-12 各年龄层用户中表达爱国情绪的比例

3. 表达爱国主义的用户特征:高学历、男性群体、体制内人员

数据显示,教育水平、性别、体制归属三项客观指标与用户是否表达爱

国主义情绪显著相关。仔细分析三项客观指标，可知高学历、男性群体、体制内人员更易表达爱国情绪。

从教育水平上看，本科生与研究生（及以上）的网络用户中，表达爱国主义情绪的比例分别为50.8%、51.8%，均超过半数；相较之下，大专（含高职）与高中及以下表达爱国主义情绪的比例分别为40.3%和27.1%，差异较明显。从性别上看，男性更可能表达爱国情绪。数据显示，男性表达爱国主义情绪的比例高出女性用户7.5%。从体制上看，体制内人员中表达爱国主义情绪的比例高出体制外用户10%。

第四节 政经预判与未来信心

一、对中国未来发展总体乐观，但呈"经高政低"特征

1. 经高政低：经济发展与政治形势预判截然不同

网络用户如何看待中国未来的发展是一个值得探讨的问题，数据分析表明，网络用户对经济发展与政治形势的预判存在明显差异。

在可明确判断其态度的样本中，网络用户对未来政治形势持"乐观"态度的比重高于持"悲观"态度的比重，前者比例53.3%，后者比例46.7%，相差7%；而对未来经济形势持"乐观"态度的比重则远高于持"悲观"态度的比重，前者82.5%的比例是后者17.5%比例的5倍。网络用户对未来形势的信心呈现"经高政低"特征，详见图4-13。

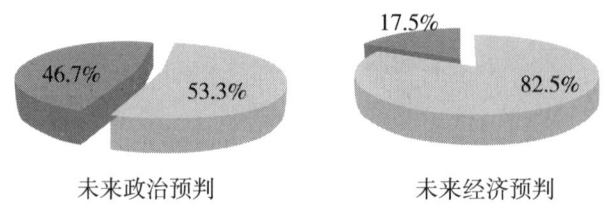

图4-13 网络用户对未来政治、经济形势的预判

2. 各群体经济乐观态度均超七成，社会底层群体比重略低

数据显示，在可明确判断其态度的样本中，四大群体中对经济发展持乐观态度的比例均超七成。其中，体制内人员对中国未来经济的发展最为乐观，以89.9%的比例位列第一；知识分子及专业技术人员与商界精英比例接近，以81.5%与81.1%的比例分列二、三位；相较之下，社会底层群体的乐观态度比例略低，为76.1%，排在最末。

3. 体制内人员的政治形势预判最乐观，社会底层群体悲观情绪重

相对于经济乐观判断的一致性，四大群体对未来政治形势判断差异明显。在可明确判断其态度的样本中，体制内人员对未来政治形势持乐观态度的比例超过七成（70.4%），明显高于排在第二位的知识分子及专业技术人员（52.8%）；与之相较，商界精英与社会底层群体的乐观态度比例均未过半，商界精英为48.4%，社会底层群体仅为36.0%。

此外，女性用户较男性用户而言乐观情绪比例更大。数据显示，在可明确判断其态度的样本中，62.6%的女性用户对政治发展持乐观态度，该比例超过男性11%。

二、市场主导的经济治理模式成共识，商界精英呼吁最为强烈

数据显示，网络用户对市场主导的经济模式更为偏好。在可明确判断其态度的样本中，64.7%的网络用户选择了市场主导的经济模式，其中，87.5%的商界精英选择市场主导的经济治理模式，位居各群体之首，超过社会底层群体25%。

一个可能的解释是，商界精英在改革开放后获利虽明显，但体制依然是阻碍其获取更大利益的一个障碍，市场化主导的经济治理模式对于商界精英来说是真正放开手脚、摆脱限制的理想模式。

三、政经乐观情绪呈年轻化特征，80后最看好经济发展

数据显示（见图4-14），越是年轻的用户，对政治、经济未来发展的预判

越乐观。

在可明确判断其态度的样本中，76.7%的90后对未来政治形势持乐观态度，其次分别是80后（57.5%）、70后（51.1%）、60后（48.9%）、50后及以前（34.6%）。90后尚未接触真正的政治生活，其对政治发展的理想化预期较高，反之，50后及以前用户已经处于退休阶段，在政治生活中的经历较为深刻，因此悲观情绪较重。

与政治预判略有不同的是，80后群体超越90后，最看好未来中国的经济发展。在可明确判断其态度的样本中，90.0%的80后对经济发展持乐观态度，其次是90后85.7%，70后、60后、50后及以前的比例分别为76.2%、80.7%、47.3%。这表明，年轻人对中国未来的经济发展依然有较高的信心。

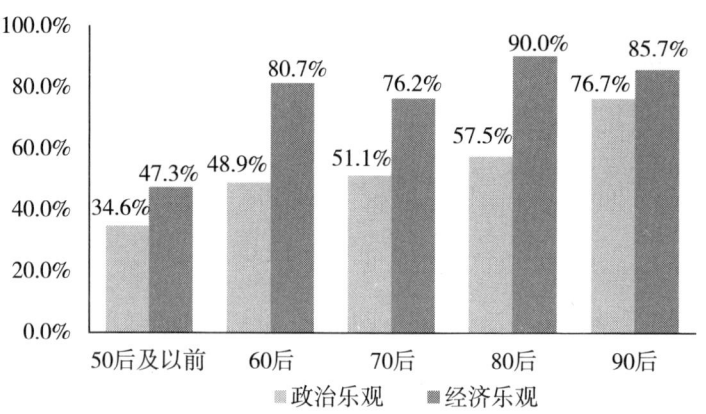

图4-14　各年龄层用户对未来政治、经济形势持乐观态度的比例

四、政府被认为是改变中国社会现状的主导力量

在明确表达其态度的有效样本中，72.5%认为改变中国社会现状的有效方式是"自上而下"，64.4%认为改变中国社会现状的主导力量是"政府"，74.9%认为改变中国社会现状的有效方式是"体制内方式"，64.0%认为政治改革思路应该是"完善框架"而非"重建框架"。这表明中国社会更进一步的希望被寄托在政府身上。

下篇 中国网络社会心态专题研究

第五章 群　体

第一节　中生代与新生代网络关注的代际差异

一、研究缘起

代际差异问题首先是由德国社会学家卡尔·曼海姆提出，主要是指因出生年代与成长背景的不同而导致的各世代（generation cohort）之间在价值观、偏好、态度与行为等方面呈现出的具有差异性的群体特征。中国新生代群体因其独特的价值观和群体特征受到广泛关注，主要就在于其展现出了与其他世代不同的文化气质差异。虽然还存在未定的争议，但目前在国内，新生代与非新生代的代际划分还是得到了较为广泛的认同，一般以1980年作为划分新生代和非新生代的时间隔点。1980年之后出生的群体在成长期更多地受到了中国经济社会转型和外来文化的影响，在价值观和生活态度等很多方面与之前的群体存在较大差异。对于这些差异，之前的研究多数是基于某一个或几个案例进行的定性分析，缺乏较为系统的经验数据支撑，而基于互联网并针对互联网的调查和研究则少之又少。借此，本文基于"中国网络社会心态调查（2014）"中反映"公共/个体"网络关注的数据，比对了不同世代的网络关注差异，从另一个角度补充和丰富了代际差异理论。

二、文献述评

世代在社会中拥有共同位置（common location），具有某种相似性经历，因此其思考、体验与行动模式会趋同。美国社会学家卡普施密特之后将这一观点发展为"代"的概念：即具有共同的出生年代、年龄阶段并在关键的成长阶段经历了重大人生事件的可识别群体。这一理论建构的想象力在于通过生命周期与社会变迁的结合，可以把握某一群体的某些趋同的相似特征，同时在时间序列中，不同群体可以构成比较的可能。

对于代际以及代际差异的研究主要集中以下三个方面：第一是关于代际的划分标准。主要有从时间边界（如以10年为固定间隔来划分）、空间边界（如以国别范围进行划分），以及以历史事件（如改革开放一代）为依据进行的划分。第二是代际差异的研究方法。其中以截面设计（Cross-section Design）、时滞设计（time-lag design），以及Schaie理想设计为三大主流方法，其中截面设计成本最低，但是结论不宜过分扩大，容易引发矛盾质疑，Schaie在操作层面难度较大，而时滞设计居于两者中间。第三是代际差异研究的视角。社会转型变迁带来的价值观差异、工作（职业）价值观差异、生活幸福感差异等是代际差异研究关注的重点。

就中国目前对于代际差异的研究来看，比较多的集中在对代际群体价值观和个体特征的探讨上，但是对于代际产生的社会历史背景尤其是新型社会环境变迁所产生的影响研究还比较少见；在研究方法上主要以定性为主，定量实证的研究较少；另外，现有的研究大多关注的是新生代代群内部的价值观分化，并且集中在工作价值观方面，对于不同代际之间价值观差异的研究还比较少，而把工作价值观同生活价值观结合起来进行的比较研究更是罕见。

2009年，美国著名研究机构皮尤中心发布了《2009网络代际报告》（*Generations Online in 2009*），其中将1980年之后的人群统称为"千禧代"（*Generation Y*）或"网络一代"（*Net Generation*），他们同父辈"X一代"或者"婴儿潮"一代在互联网使用上有着明显的不同："千禧代"更加倾向于上网娱乐或社交，而他们的父辈则更多把互联网作为工具从事研究、购物或者网络结算。到了2010年，另一份《社交媒体与年轻成人》（*Social Media and Young Adult*）的报告更是将关注点聚焦在了年轻成人对社交媒体这一新兴媒介的使用倾向上，但同时也涉及了不同代际对于社交媒体的使用比较。

这两份报告体现出三个值得我们注意的要点：第一是关注互联网以及社交媒体上的代际差异。代际差异理论认为，剧烈的社会转型会引发代际差异：其中包括生产力水平的迅速提高，经济结构的更新与重组，中西新旧文化的激烈撞击交替，以及整个社会的转型等。此外，新技术也引发了工作和生活的重大变化，这既是代际差异理论的背景，也是判断代际划分的标准。在中国，从90年代初互联网开始出现，到2009年以新浪微博为代表的社交媒体被广泛使用，新的传播技术的飞速发展和对日常生活的快速渗透已经深刻地改变了人们的生活方式，但目前这一关键要素对于代际差异的影响，研究仍然比较缺乏。

第二是关于代际差异的研究方法。皮尤报告通过对美国18—32岁的"千禧代"以及其他代际的实证调查，得到了美国代际在互联网使用当中的差异性；而对于社交媒体的使用倾向研究从2006年就开始进行。但是在中国，迄今为止仍比较缺乏此类较为严谨的实证研究。

第三是关于研究代际差异的视角。皮尤报告中对于美国代际的互联网使用进行了比对，不仅涉及事业、工作、娱乐、社交，另外还包括了日常生活中的视频下载、在线旅游预订、与工作相关的其他研究等，而这些"亚数字鸿沟"（Second-level digital divide）在之前的代际差异研究中大多被抹去或遮蔽。

目前国内对于网络关注的研究主要有两种范式：一种是对于样本进行身份分类，研究不同身份类别的群体不同的关注倾向。如高尚等人对微博上248个活跃用户进行了分群研究，分为群众、学生、打拼族、达人、权威五类。对于家庭和事业，达人和权威以事业为重，打拼族则事业家庭兼顾，群众和学生没有明显倾向；对于自己和政治，打拼族更关注自己，权威倾向于不表明自身政治立场。第二种范式是以某一群体（主要是大学生群体）为对象，研究其对社交媒体的使用倾向。如沈星旭对中韩大学生社交媒体使用动机的实证研究表明：社会联系（联系好友、查看好友近况等）、社会网络搜索（认识新朋友、加入团体等）、形象共享（看照片、发照片等）是中国大学生使用社交媒体前三位的使用动机。但是这两种范式存在一定问题：一方面在中国，网络关注体现为公共领域中的话语与行动表达，属于弱政治化范畴，这种表达更多地会受制于个体本身的社会角色与社会属性，不表明自身的政治立场不代表没有立场；另一方面，这些研究主要关注的是新生代，但是中生代的社交媒体使用倾向仍然不够明确。

因此，本研究试图从三个层面对代际差异的研究进行一些探索与尝试：首先，从数据搜集和观察对象的选择方面，本研究采用了"中国网络社会心态调查（2014）"中的数据，采用其中反映"公共／个体"事务关注度的数据，由此可以研究互联网与社交媒体上的代际差异。

其次，采用"结论限制性截面设计"的研究方法。考虑到此次调查的数据特质与现实条件，本研究中所采用的仍然是主流的截面设计（cross-section design）方法，即在同一时间点对多个代群进行比较以发现不同代群之间的代际差异。但同时，研究力图避免将结论扩大以至于出现问题矛盾扭曲的状况，这在一定程度上弥补了横向设计所可能会出现的结论相互矛盾的问题。

最后，通过分析不同代际的网络关注差异，试图发现代际间工作价值与生活价值的认同差异。需要说明的是，本研究并不完全等同于代际间价值观差异比较。因为虽然处于同一代群的个体会具有某些共同的思考与行为模式，但并不意味着他们的价值观念是完全一致的。本研究更多的是从行为模式即"关注倾向"上来挖掘不同代际之间的差异，是从现实中的可观察到的数据入手，客观性与可靠性较强。

三、研究方法

本研究采用的"中国网络社会心态调查（2014）"中的数据覆盖了新浪微博平台上多元职业、多元社会群体的1800名网络用户，数据涉及"网络关注"的主要有两个部分：公共议题与个体生活。其中在公共议题部分，主要有"对民生问题的关注度"、"对制度与政策问题的关注度"、"对伦理道德问题的关注度"、"对公共支出的关注度"、"对政府信息公开的关注度"五个变量,变量选项均为"频繁关注、有时提及、不关注"。在个体生活部分,主要有"是否在微博上记录生活"、"是否在微博上分享心情、宣泄情感"、"是否在微博上打发时间、消遣娱乐"、"是否在微博上结交朋友、维持社交"四个变量,变量选项均为"经常、偶尔、从不"。剔除掉变量中存在缺失值的样本后,本研究中公共议题部分的有效样本量为1429个,个体生活部分的有效样本量略有差异,最少为1378个,最多为1410个。

本研究以世代作为划分群体的标准,将研究对象划分为中生代和新生代两个群体。在本研究中,中生代是指60后和70后群体,新生代是指80后和90后群体。具体是将年龄变量中"60后、70后"两个选项合并为"中生代",将"80后、90后"两个选项合并为"新生代"。由于"50后及以前"的比例较小,本研究将其剔除。

为了比较在网络表达中对公共议题的关注度与个体生活是否存在代际差异,我们采用卡方分析的方法,将代际变量和公共议题变量、个体生活变量分别进行列联分析和卡方检验,进而分析两组结果中中生代和新生代的差异与一致性。

四、研究发现

将世代变量分别与公共议题和个人生活变量进行列联分析,我们可以得到以下结论:

(一)代际差异1:中生代更加关注公共议题

就公共议题关注度而言,新生代与中生代对五大问题的关注度由高到低的排序是一致的,均表现为:民生问题>制度与政策问题>伦理道德问题>政府信息公开>公共支出。但是,总体而言,中生代对公共议题的关注度显著高于新生代。

1. 中生代对民生问题的关注度显著高于新生代

世代与对民生问题关注度的卡方检验显示二者显著相关,显著性水平为

0.05。如表 5-1 所示，中生代选择"频繁关注"的比例为 16.76%，新生代选择"频繁关注"的比例为 10.62%，前者比后者高 6.14%。新生代选择"有时提及"的比例略高于中生代。中生代选择"不关注"的比例低于新生代。

表 5-1　世代与对民生问题关注度的列联分析（N=1429）

世代	对民生问题的关注度			×2
	频繁关注	有时提及	不关注	
中生代	88 16.76%	215 40.95%	222 42.29%	
新生代	96 10.62%	383 42.37%	425 47.01%	11.530**
合计	184 12.88%	598 41.85%	647 45.28%	

注：** 表示 $P<0.01$。

2. 中生代对制度与政策问题的关注度显著高于新生代

世代与对制度与政策问题关注度的卡方检验显示二者显著相关，显著性水平为 0.001。如表 5-2 所示，中生代选择"频繁关注"的比例为 19.62%，新生代选择"频繁关注"的比例为 6.64%，前者比后者高 12.98%。中生代选择"有时提及"的比例为 31.43%，新生代选择"有时提及"的比例为 24.78%，前者比后者高 6.65%。

表 5-2　世代与对制度与政策问题关注度的列联分析（N=1429）

世代	对制度与政策问题关注度			×2
	频繁关注	有时提及	不关注	
中生代	103 19.62%	165 31.43%	257 48.95%	
新生代	60 6.64%	224 24.78%	620 68.58%	75.322***
合计	163 11.41%	389 27.22%	877 61.37%	

注：*** 表示 $P<0.001$。

3. 中生代对伦理道德问题的关注度显著高于新生代

世代与对伦理道德问题关注度的卡方检验显示二者显著相关，显著性水平为 0.001。如表 5-3 所示，中生代选择"频繁关注"和"有时提及"的比例分别为 8.19% 和 25.90%，新生代选择"频繁关注"和"有时提及"的比例分别为 3.76% 和 22.57%，前者选择"频繁关注"和"有时提及"的比例分别比后者高出 4.43% 和 3.33%。

表 5-3　世代与对伦理道德问题关注度的列联分析（N=1429）

世代	对伦理道德问题的关注度			x^2
	频繁关注	有时提及	不关注	
中生代	43 8.19%	136 25.90%	346 65.90%	16.478***
新生代	34 3.76%	204 22.57%	666 73.67%	
合计	77 5.39%	340 23.79%	1012 70.82%	

注：*** 表示 P<0.001。

4. 中生代对公共支出的关注度显著高于新生代

世代与对公共支出关注度的卡方检验显示二者显著相关，显著性水平为 0.001。如表 5-4 所示，中生代选择"频繁关注"和"有时提及"的比例分别为 4.95% 和 14.86%，新生代选择"频繁关注"和"有时提及"的比例分别为 1.44% 和 5.53%，前者选择"频繁关注"和"有时提及"的比例分别比后者高出 3.51% 和 9.33%。

表 5-4　世代与对公共支出关注度的列联分析（N=1429）

世代	对公共支出的关注度			x^2
	频繁关注	有时提及	不关注	
中生代	26 4.95%	78 14.86%	421 80.19%	53.480***
新生代	13 1.44%	50 5.53%	841 93.03%	
合计	39 2.73%	128 8.96%	1262 88.31%	

注：*** 表示 P<0.001。

5. 中生代对政府信息公开的关注度显著高于新生代

世代与对政府信息公开关注度的卡方检验显示二者显著相关，显著性水平为 0.001。如表 5-5 所示，中生代选择"频繁关注"和"有时提及"的比例分别为 8.19% 和 16.38%，新生代选择"频繁关注"和"有时提及"的比例分别为 2.65% 和 8.74%，前者选择"频繁关注"和"有时提及"的比例分别比后者高出 5.54% 和 7.64%。

表 5-5 世代与对政府信息公开关注度的列联分析（N=1429）

世代	对政府信息公开关注度			x^2
	频繁关注	有时提及	不关注	
中生代	43 8.19%	86 16.38%	396 75.43%	45.390***
新生代	24 2.65%	79 8.74%	801 88.61%	
合计	67 4.69%	165 11.55%	1197 83.76%	

注：*** 表示 $P<0.001$。

（二）代际差异 2：新生代更加关注个人生活

就网络个体生活而言，新生代与中生代倾向于选择的个体生活方式基本是一致的，选择"经常"和"偶尔"的比例由高到低的排序均为：记录生活 > 分享心情、宣泄情感 > 打发时间、消遣娱乐 > 结交朋友、维持社交。总体而言，新生代选择在网上进行个体生活的比例均高于中生代。

1. 新生代在微博上记录生活的比例显著高于中生代

世代与是否在微博上记录生活的卡方检验显示二者显著相关，显著性水平为 0.001。如表 5-6 所示，新生代选择经常在微博上记录生活的比例为 66.07%，中生代选择"经常"的比例为 45.96%，前者比后者高 10.11%。新生代选择"偶尔"在微博上记录生活的比例为 24.83%，中生代选择"偶尔"的比例为 29.62%，后者比前者高 4.79%。新生代选择"从不"的比例远低于中生代。

表5-6 世代与是否在微博上记录生活的列联分析（N=1410）

世代	是否在微博上记录生活			x^2
	经常	偶尔	从不	
中生代	239 45.96%	154 29.62%	127 24.42%	77.681***
新生代	588 66.07%	221 24.83%	81 9.10%	
合计	827 58.65%	375 26.60%	208 14.75%	

注：*** 表示 P<0.001。

2. 新生代在微博上分享心情、宣泄情感的比例显著高于中生代

世代与是否在微博上分享心情、宣泄情感的卡方检验显示二者显著相关，显著性水平为0.001。如表5-7所示，新生代中选择"经常"在微博上分享心情、宣泄情感的比例为62.08%，中生代选择"经常"的比例为39.11%，前者比后者高22.97%。新生代选择"偶尔"的比例为26.62%，中生代选择"偶尔"的比例为31.71%，后者比前者高5.09%。新生代选择"从不"的比例低于中生代。

表5-7 世代与是否在微博上分享心情、宣泄情感的列联分析（N=1408）

世代	是否在微博上分享心情、宣泄情感			x^2
	经常	偶尔	从不	
中生代	201 39.11%	163 31.71%	150 29.18%	93.617***
新生代	555 62.08%	238 26.62%	101 11.30%	
合计	756 53.69%	401 28.48%	251 17.83%	

注：*** 表示 P<0.001。

3. 新生代在微博上打发时间、消遣娱乐的比例显著高于中生代

世代与是否在微博上打发时间、消遣娱乐的卡方检验显示二者显著相关,显著性水平为0.001。如表5-8所示,新生代中选择"经常"在微博上打发时间、消遣娱乐的比例为43.57%,中生代选择"经常"的比例为19.84%,前者比后者高23.73%。新生代选择"偶尔"的比例为41.64%,中生代选择"偶尔"的比例为40.27%,中生代比新生代高1.37%。新生代选择"从不"的比例远低于中生代。

表5-8 世代与是否在微博上打发时间、消遣娱乐的列联分析(N=1393)

世代	是否在微博上打发时间、消遣娱乐			×2
	经常	偶尔	从不	
中生代	102 19.84%	207 40.27%	205 39.88%	137.521***
新生代	383 43.57%	366 41.64%	130 14.79%	
合计	485 34.82%	573 41.13%	335 24.05%	

注:*** 表示 P<0.001。

4. 新生代与中生代在微博上结交朋友、维持社交的差异不显著

世代与是否在微博上结交朋友、维持社交的卡方检验显示不显著相关(P=0.053)。如表5-9所示,新生代中选择"经常"和"偶尔"在微博上结交朋友、维持社交的比例均高于中生代,但二者差异并不显著。这说明,中生代和新生代在将微博作为社交手段方面的差异不显著。

表5-9 世代与是否在微博上结交朋友、维持社交的列联分析(N=1378)

世代	是否在微博上结交朋友、维持社交			×2
	经常	偶尔	从不	
中生代	73 14.15%	253 49.03%	190 36.82%	5.859 (P=0.053)
新生代	131 15.20%	468 54.29%	263 30.51%	
合计	204 14.80%	721 52.32%	453 32.87%	

（三）代际一致性：对网络公共议题关注均弱于网络个体生活

将两个群体对公共议题关注度与网络个体生活进行比较，我们可以看到，中生代和新生代在网络表达方面又有一定的一致性，即对公共议题的关注度弱于网络个体生活，详见图5-1。

就中生代而言，在对公共议题的关注度各变量中，选择"频繁关注"的比例最高为16.76%，最低为4.95%，而选择"不关注"的比例最低为42.29%，最高为80.19%；在网络个体生活各变量中，选择"经常"的比例最高为45.96%，最低为14.15%，而选择"从不"的比例最高为39.88%，最低为24.42%。就新生代而言，在对公共议题的关注度各变量中，选择"频繁关注"的比例最高为10.62%，最低为1.44%，而选择"不关注"的比例最低为47.01%，最高为93.03%；在网络个体生活各变量中，选择"经常"的比例最高为66.07%，最低为15.20%，而选择"从不"的比例最高为30.51%，最低为9.10%。

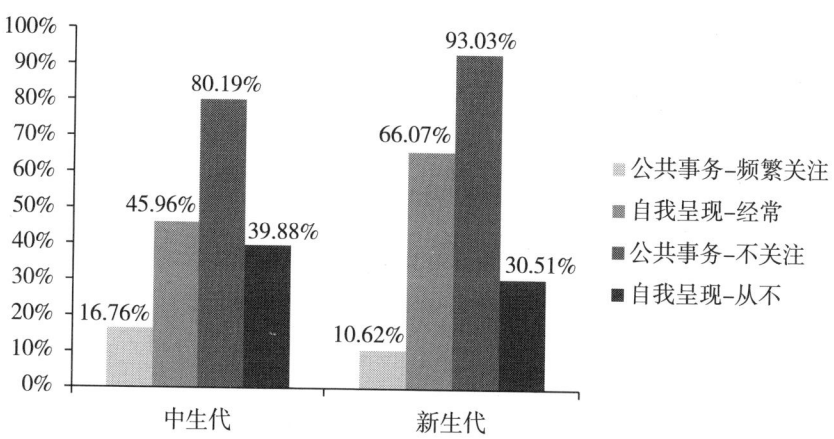

图5-1 中生代、新生代在公共事务和自我呈现各变量中的最高比例

五、结论与讨论

（一）研究结论

本次调查样本的分析结果显示，网络关注的代际差异分为两大层次：

差异性与一致性。差异性表现为，就公共议题的网络关注而言，中生代与新生代对五大公共议题网络关注由高到低的排序基本一致，但中生代对公共议题的网络关注显著高于新生代；就个体生活的网络关注而言，新生代与中生代的网络关注倾向基本一致，但新生代网络关注的个体生活比例均高于中生代。而一致性表现为，两个代际对公共议题的网络关注均弱于个体生活。

（二）相关讨论

1. 网络关注代际差异：中生代的现实迁移与新生代陪伴成长

此次研究的结果显示，中生代对于公共议题的网络关注显著高于新生代，而新生代对于个体生活的网络关注度显著高于中生代。互联网在20世纪90年代初进入中国，对于60后、70后中生代代群来说，互联网出现的时候他们已经基本完成了人生的学习与成长阶段，开始事业与工作，因此，对中生代而言，互联网更多的是一种工具：网络一方面是他们认识社会和表达社会认知的窗口，另一方面是他们讨论事业相关议题的平台。而对于80后、90后来说，互联网就是学习与成长的固有环境，他们还被称作"数字原住民"（digital native）、"互联网一代"等。对于新生代来说，互联网更像是一个生活空间，可以记日记、写心情、消遣娱乐等。因此，仅从互联网在不同代际的生活中所扮演的角色来看，对于中生代来说，互联网的使用更多的是现实工作生活的迁移，存在一个转换的过程；而对于新生代来说，互联网就是生活本身。

2. 互联网技术对于公共议题的关注影响仍然十分有限

此次分析结果显示，对于公共议题的网络关注，两个代际的表现均低于个体生活。目前，网络作为公共空间开展公共议题讨论的功能仍然很有限。在网络上频繁关注公共事务的网络用户比例相对来说很低。鉴于中国以往公共参与具有低参与度与高壁垒的属性，相关研究认为互联网的使用会使社会结构扁平化，促进公民的公共参与等。作为公共参与的一种形式，在此次研究中，我们并没有从世代的视角显著验证出公共议题网络关注的全民高关注度。公共参与作为一种政治参与形式，同制度架构、政府作为、社会文化、社会心态等关系密切，而不仅仅是传播技术的问题。互联网与社交媒体时代，公共参与的形式同公共参与的实质之间仍存在差距。

3. 学历、收入、职业地位等对于群体的公共事务关注有影响的因素在网络关注中依然存在

虽然此次研究结果表明，中生代对于公共议题的网络关注显著高于新生代，但年龄因素只是导致这一现象的一个要素。相关研究发现，学历、收入、职业地位等对于群体的公共事务的关注与参与具有显著影响。通过对此次调查中中生代与新生代样本的常规变量的统计发现，总的来说样本中中生代的教育水平高于新生代，中生代的职业地位和阶层位置高于新生代。在身份变量中，中生代选择商界精英、知识分子的比例明显高于新生代，新生代中选择社会底层群体的比例明显高于中生代；教育背景中，中生代中研究生及以上的比例为 47.63%，本科生比例为 46.21%，而新生代中研究生及以上的比例为 16.04%，本科生比例为 65.98%；阶层位置中，中生代中选择"中上"或"上"的比例为 49.71%，新生代选择"中上"或"上"的比例为 11.41%，中生代选择"中下"或"下"的占 16.32%，新生代选择"中下"或"下"的占 45.18%。因此，如果想要更加明确群体的网络公共议题关注问题，仍然需要更多的数据和变量加以支撑。

（作者：方师师　李博璠　李秀玫）[①]

[①] 原文刊载于《新闻记者》2014 年第 12 期。

第二节 专业技术人员及知识分子的网络表达

一、研究缘起

近年来，中国的微博快速发展。第32次互联网络发展状况调查报告的统计数据显示，截至2013年6月底，微博网民规模已高达3.31亿，较2012年底增长7.2%；网民中微博使用率则高达56.0%，微博因此成为第6个最流行的网络应用。同时，微博逐步从满足人们社交需求为主的平台演变为一个集社交、休闲娱乐、信息获取、舆论监督、市场营销为一体的综合性平台。在此背景下，传播学研究者对微博互动的结构和机制（夏雨禾，2010）、自媒体的性质与社会影响力（代玉梅，2011）、微博上的意见领袖（王君泽、王雅蕾、禹航、徐晓林、王国华、曾润喜，2011）等议题进行了初步的探讨。英文文献则更为关注微博平台兴起对国家——社会关系的潜在影响以及政府的应对策略（Noesselt，2013；Tong & Lei，2013）。关于意见领袖的研究指出，微博空间的影响力集中于少数精英用户，微博传播效果可能存在数字鸿沟（代玉梅，2011）。史雯（2014）在总结中国的微博研究时也指出，微博公共领域上存在着数字鸿沟。黄荣贵和桂勇（2014）的研究表明，数字不平等不仅存在于个人用户，还存在于组织用户之间，其中劳工非政府组织的微博影响力远低于政务微博的影响力。

尽管越来越多的研究关注数字不平等现象，但现有研究尚未全面呈现微博空间的数字不平等现象。首先，互联网使用不仅会影响现实的社会关系与结构，同时也受到现实社会关系、结构、地位与资源的影响（Orton-Johnson & Prior，2013）。现有研究往往通过对事件考察或者通过分析在线活动来识别意见领袖，并间接地探讨数字不平等问题。换言之，现有文献尚未系统地考察微博用户现实社会特征与网络活动之间的关系。其次，尽管少量研究初步探索了微博使用特定维度（如社会影响力（黄荣贵、桂勇，2014）、关注关系（黄荣贵、桂勇、孙小逸，2014））的影响因素，但微博使用具有多种动机和表达形式（Zhang & Pentina，2012），因此有必要考察不同类型微博网络表达活动与用户现实社会特征之间的关系。可见，考察微博用户现实身份与微博网络表达活动之间的关系，是具有重要的理论与现实意义的。本文将着重关注微博用户的职业属性对此研究的影响。特别地，我们使用统计分析方法比较专业技术人员与知识分子群体和其他职业群体在微博空间的网络表达的异同[①]。本研究结果表明，尽管现有文献指出，很多意见领袖源自专业技术人员和知识分子（如记者、律师、公共知识分子），但作为一个社会群体而言，专业技术人员和知识分子群体更倾向于参与网络互动活动，但他们更少成为网络抗议的组织者和发起人。本研究所产生的发现对于今后的微博研究具有重要的方法论启示。

二、文献回顾

微博空间被认为是一个新兴的虚拟公共领域。尹连根（2013）指出，微博在结构性向度上颠覆了传统媒体的垄断性话语地位，重构了公共领域的格局；相应地，微博有助于提高信息和意见的可见性，改变了信息和意见在虚拟空间再现性；微博在互动性向度也具有独特的优势，为公众、媒体与政府机构等行动者提供了互动的空间。同时，微博空间不仅具有公共性，也具有私人性。姜卫玲指出，一方面，微博具有排他性和个体性特征，为用户提供了表达自我使用感受的空间；另一方面，微博上所发布的内容既可以是私人性的，也可以是具有丰富公共内涵的（姜卫玲，2014）。网络表达的私人性与公共性的双重特性在以微博为代表的社会化媒介时代表现得尤其明显。胡泳指出，现代社会的人们同时经历公共空间的私人化与私人空间的公共化这两个平行的过程，它们之间彼此渗透而不是相互分离（胡泳，2013）。

在微博空间中，用户可以根据自身的兴趣参与不同的网络活动，进行不同的网络表达。在"使用与满足理论"的指导下，研究者对微博空间的网络活动进行了分类。对新浪微博234位用户的调查研究指出，网络活动可以区

---

① 关于选择"专业技术人员与知识分子"群体进行比较分析的理由，请参见文献回顾部分。

分为"专业发展"、"情绪释放"、"信息搜寻"、"公民行为"、"社交互联"、"提高网络可见性"、"自我表达"及"与新浪微博互动"等8种不同的类型（Zhang & Pentina，2012）。黄荣贵和孙小逸（2014）的研究指出，微博用户围绕公共的兴趣形成虚拟社群，彼此之间通过微博来共享信息，并且保持彼此之间的在线互联。黄荣贵等人（2014）对微博上的环保组织的研究表明，组织在微博空间上建立较为紧密的虚拟联系，形成一个议题网络。何威（2011）指出社会性媒体的一大特征就是形成社会网络。此外，还有少量研究指出，微博为网络在线抗争提供了低成本的工具（Noesselt，2013）；然而，现有关于微博网络表达的量化研究尚未系统地考察抗争性表达活动。

尽管微博空间具有门槛较低等草根性特征，但微博使用仍然存在不可忽视的数字不平等（Svensson，2014），不同群体在社会性媒体中掌握着不同的话语权。申玲玲（2013）认为，微博在赋予每个个体平等话语权利的同时，实际的话语权力却处于失衡与流动的状态中；其中，名人或精英依靠其身份标签将既有的社会资源移植到微博中，拥有更强的话语权，而普通个体只能依靠内容标签获得短暂的话语权。程丹（2013）指出，虽然微博上精英群体和草根群体的数量构成比例成金字塔形，但话语权却呈倒金字塔形，占据微博话语权主体仍是少数精英群体。许燕（2013）分析近年来热点事件后指出，我国新媒介时代话语权的新格局：精英阶层为核心的意见领袖、中产阶级是话语的主流主体，而弱势阶层则处于边缘带，三者构成一个同心圆结构。

现有研究文献将意见领袖作为重要的研究焦点，试图探索意见领袖的构成及其网络影响力。比如，2012年3月复旦大学"舆情与传播研究实验室"发布国内第一份《中国微博意见领袖研究报告》，并指意见领袖往往来自媒体人、学者、作家和商界人士；其中，商界意见领袖、学者意见领袖、媒体人意见领袖和作家意见领袖的网络影响力依次递减。[1] 大致而言，意见领袖可以分为三大类：文体界明星；以记者、作家和专家等为主体的公共知识分子；

---

[1] 耿聪：《中国微博意见领袖研究报告》首发 潘石屹、马云等商界人士领先"，引自"凤凰网"（http://news.ifeng.com/gundong/detail_2012_03/09/13091832_0.shtml），2012年3月9日。

草根领袖。其中，前两类意见领袖的社会影响力源自现实社会的声望，而草根意见领袖需要通过网络互动来赢得（李良荣、张莹，2012）。

可见，不同用户之间存在不同的微博使用动机，从而参与不同类型的微博网络表达活动；而在网络使用方面（特别是使用者的微博影响力），不同用户之间存在着明显的数字不平等现象。然而，现有研究更多是从案例研究或从意见领袖的角度来考察用户在微博使用以及网络影响力的差异，尚未系统地考察微博用户在现实社会中的职业地位与微博使用之间的关系。因此，本文试图采用量化研究方法较为系统地比较"专业技术人员与知识分子"与其他群体在微博上网络表达的差异。着重考察"专业技术人员与知识分子"群体基于如下考虑：第一，尽管存在例外，但不少现有微博研究指出，很多微博上的意见领袖来自"专业技术人员与知识分子"群体（Svensson，2014；李良荣、张莹，2012；李名亮，2012）。然而，现有研究往往着重关注积极参与公共事务、并且已经成为意见领袖的专业技术人员或公共知识分子，这一局部的现象在多大程度上反映"专业技术人员与知识分子"群体的整体状况值得进一步研究。第二，在改革开放30多年的结构转型中，中国现实社会的中间阶层发生了明显的变化，即专业技术型知识分子的兴起和壮大（毛哲山，2008a）。这些"专业技术人员"从事各种专业性工作和科学技术工作，他们大多经过中高等专业知识及专门职业技术培训，拥有专业知识及技术（陆学艺，2002）。第三，专业技术人员与知识分子群体是介于社会上层与弱势阶层之间的缓冲层，该群体的壮大被认为是社会稳定器（毛哲山，2008b）。同时，专业技术人员与知识分子群体也可能具有更高水平的公民意识，具有强烈的政治参与意识，甚至会对处于弱势的政治领域提出要求（毛哲山，2008b）。因此，深入了解"专业技术人员与知识分子"群体在微博空间的网络表达活动不仅有助于加深我们对中国社会结构的认识，还有助于我们了解现实社会特征与微博使用之间的关系。基于上述讨论，本文提出如下研究问题：

Q1：与其他群体相比，"专业技术人员与知识分子"群体的微博网络表达具有哪些特点？特别地，"专业技术人员与知识分子"是否更有可能参与具有争议性的微博表达行为？

三、数据与方法

本文的研究对象是通过随机抽样产生的新浪微博用户①。样本平均分布在36类职业群体中，其中"专业技术人员与知识分子"包括大学教授、中学教师、科研人员、学者、作家、艺术家、律师、医生、记者、金融从业者、会计师、飞行员、建筑师、自由职业者、IT工程师、其他工程师；除上述职业外的职业群体统称为"其他群体"。

本研究所分析的数据由受过专门训练的研究团队人工编码完成，具有较高的可信度。自2013年11月至今，历时8个月时间，研究团队对1800名新浪微博用户进行长期跟踪分析，在此基础上完成对各用户特征的编码。本研究所涉及的主要变量是用户的网络表达活动，这些活动包括在微博上记录生活、分享心情或宣泄情感、打发时间或消遣娱乐、搜集资料以学习提升、结交朋友或维持社交圈、营销推广、和职业相关的机构类微博互动、和同行/同辈群体互动、使用微博进行抗议、担任网络抗议组织者或发起人、在抗议中@大V、@政务类微博或相关机构的微博、@媒体类媒体。上述网络表达活动大致可以为日常网络表达和网络抗议活动。考虑到网络抗议活动的独特性，下文将分别考察这两类网络表达活动。作者先使用因子分析对不同网络表达活动进行归类，然后在此基础上使用描述统计分析、卡方检验和T检验等方法呈现不同微博用户群体的网络表达活动的特征，并检验群体间的差异。

四、研究发现

（一）微博空间网络表达的概况

描述统计分析显示，有效样本中"专业技术人员及知识分子"占42.7%。

---

① 相关的方法论讨论，可参见 http://www.dfdaily.com/html/8762/2014/11/4/1200704.shtml，访问日期：2014年11月5日。

就日常网络表达方式而言，57.7%的被调查者经常在微博上记录生活，偶尔和从不在微博记录生活者所占的比例分别为27.5%和14.8%。类似地，经常在微博上分享心情或宣泄情感的被调查者占53.5%；经常在微博上打发时间或消遣娱乐的被调查者占33.0%；经常在微博上搜集资料以学习提升的被调查者占10.8%，从不参与该网络活动的被调查者则占59.3%；经常在微博上结交朋友或维持社交圈的被调查者占16.3%，而从不参与该网络活动者占31.9%；经常在微博上进行营销推广者占14.9%，从不在微博上进行营销推广者占55.4%；经常在微博上与职业相关的机构类微博互动（转发、评论、@等）者占19.9%，而从不与机构类微博互动者占59.1%；经常在微博上与同行/同辈群体互动者占20.8%，而从不与同行/同辈群体互动者占57.1%。

除日常网络表达活动外，微博用户也参与具有一定对抗性的网络表达活动。描述分析表明，11.0%的被调查者曾参与基于社会价值诉求的网络抗议活动，3.5%的被调查者曾参与基于个人价值诉求的网络抗议活动，还有3.7%的被调查者曾参与基于社会价值和个人价值共同诉求的网络抗议活动。换言之，共有18.2%的被调查者曾参与某种形式的网络抗议活动；其中，59位被调查者曾担任网络抗议的组织者或发起人。

（二）"专业技术人员及知识分子"积极参与网络互动、更少记录生活/休闲活动

作者使用因子分析方法对所有日常网络表达活动进行研究发现，4因子模型可以较好地刻画不同网络表达活动之间的内在逻辑结构，具有良好的解释力，能够解释68%的方差。其中，第一个因子在"记录生活"、"分享心情或宣泄情感"和"打发时间或消遣娱乐"等测量指标上具有较高的因子负荷，我们将该因子命名为"生活休闲因子"；第二个因子在"与职业相关的机构类微博互动"和"与同行/同辈群体互动"这两个测量指标上具有较高的因子负荷，我们将其命名为"网络互动因子"；第三个因子主要反映了营销推广活动，我们将其命名为"市场营销因子"；第四个因子在"搜集资料以学习提

升"这个指标上具有较高的因子负荷,我们将其命名为"学习发展因子"。确定因子结构后,我们使用回归法获得4个因子的因子得分;其中,因子得分的平均值为0,因子得分越大则表示相应网络表达活动越频繁、越活跃。

表5-10 日常网络表达活动的因子分析

	生活休闲因子	网络互动因子	市场营销因子	学习发展因子
记录生活	0.80	−0.05	0.11	−0.03
分享心情或宣泄情感	0.91	−0.12	0.03	−0.01
打发时间或消遣娱乐	0.52	−0.15	−0.02	0.22
搜集资料以学习提升	0.02	0.19	0.01	0.73
结交朋友或维持社交圈	0.32	0.19	0.26	0.35
营销推广	0.07	0.13	0.98	0.05
与职业相关的机构类微博互动	−0.14	0.81	0.14	0.15
与同行/同辈群体互动	−0.13	0.97	0.06	0.19
解释变异	0.23	0.22	0.13	0.10
累积解释变异	0.23	0.45	0.59	0.68

注:作者采取最小残差因子法提取因子,使用最大方差正交旋转法对因子负荷进行转置。

作者使用描述分析和T检验来比较"专业技术人员及知识分子"与其他群体在微博空间的网络表达活动的差异。分析结果显示(详见表5-11),"专业技术人员及知识分子"的生活休闲因子的平均得分为−0.0873,而其他群体在该因子的平均得分为0.0620,T检验结果显示,两个群体的平均得分具有显著的差异。可见,与其他群体相比,"专业技术人员及知识分子"较少在微博上记录自己的生活、分享心情或宣泄情感。就网络互动而言,"专业技术人员及知识分子"的平均因子得分为0.1371,而其他群体的平均因子得分为−0.0975。T检验结果显示,两个群体在网络互动上存在显著差异,"专业技术人员及知识分子"比其他群体更加积极地与职业相关的机构微博互动,也更积极地与同行进行信息互动。

同时,两个群体之间也具有一定的相似性。统计分析表明,"专业技术人员及知识分子"的市场营销因子的平均得分为−0.0051,其他群体的因子平均得分为 0.0036，两群体之间的差异在统计上不显著。类似地，"专业技术人员及知识分子"在学习发展因子上的平均得分为 0.0198，略高于其他群体在该因子的平均得分，然而该差异在统计上并不显著。对此，一种可能的解释是，微博用户参与市场营销和进行网络学习的绝对水平相对较低，从而群体间只有微小的差异。正如上文的分析显示，仅有 10.8% 和 14.9% 的微博用户经常在微博上搜集资料以学习提升和进行营销推广，明显低于其他网络表达活动的频率。

表 5-11 日常网络表达活动的群体差异

	专业技术人员及知识分子	其他群体	T 检验
生活休闲因子	−0.0873	0.0620	T=3.1503，Sig.=0.0017
网络互动因子	0.1371	−0.0975	T = −4.7055，Sig.<0.0000
市场营销因子	−0.0051	0.0036	T = 0.1737，Sig. = 0.8621
学习发展因子	0.0198	−0.0151	T = −0.8694，Sig. = 0.3848

（三）"专业技术人员及知识分子"较少担任抗议发起人、较少诉诸意见领袖

就网络抗议活动而言，"专业技术人员及知识分子"群体中有 18.4% 被调查者曾使用微博进行抗议，其他群体中有 17.9% 被调查者曾使用微博进行抗议（详见表 5-12）。卡方检验显示，两个群体在"是否曾经使用微博进行抗议"这一网络表达行为上无显著差异。接下来，我们对曾经使用微博进行抗议的 325 位被调查者进行进一步分析。分析结果显示，"专业技术人员及知识分子"群体中有 11.7% 被调查者曾担任网络抗议的组织者或发起人，但其他群体中有 19.7% 被调查者曾担任抗议的组织者或发起人。卡方检验表明，群体间差异的显著水平为 0.0538；如果我们使用 0.05 作为判断标准，群体间差异处于统计显著的边缘；然而，如果我们使用 0.1 水平作为标准，则群体间差异在统计上显著。综上所述，"专业技术人员及知识分子"较少担任网络抗议发起人。对此，一种可能的解释是，"专业技术人员及知识分子"在现实生活

中处于相对优势的社会地位，他们较少遭遇不公正待遇和怨恨，从而较少发起网络抗议活动。

表 5-12 抗议性网络表达活动的群体差异

	专业技术人员及知识分子	其他群体
曾经使用微博进行抗议	18.4%（188）	17.9%（137）
从未使用微博进行抗议	81.6%（835）	82.1%（627）
卡方检验	Chi-square = 0.0583，Sig. = 0.8092	
曾担任网络抗议组织者、发起人	11.7%（16）	**19.7%（37）**
未担任网络抗议组织者、发起人	88.3%（121）	80.3%（151）
卡方检验[a]	Chi-square = 3.7181，Sig. = 0.0538	
抗议中@有影响力的微博的频率	4.0168	**4.4494**
T-检验[a]	T = 2.0114，Sig. = 0.04521	

注：a.分析样本为所有曾经使用微博进行抗议者。

为了扩大抗议活动的社会影响力，抗议者往往会@具有社会影响力的微博用户。本研究测量了如下三种网络表达行为：在抗议中@大V、在抗议中@政务类微博或相关机构的微博、在抗议中@媒体。探索性因子分析显示，这三个测量指标测量了一个因子（详细结果在此未作汇报），因此我们使用这三个指标的总得分来测量"抗议中@有影响力的微博的频率"。就这一指标而言，"专业技术人员及知识分子"群体的平均得分为4.0168，而其他群体的平均得分为4.4494；T检验的结果显示，群体间差异在0.05水平上显著（详见表5-12）。换言之，"专业技术人员及知识分子"在网络抗议中较少诉诸网络意见领袖。对此，可能有两种解释：第一，"专业技术人员及知识分子"在微博空间具有更大的社会影响力，他们所发布的微博更可能被其他微博用户转发，从而他们无需主动@其他意见领袖或相关机构微博；第二，由于"专业技术人员及知识分子"较少担任网络抗议的组织者或发起人，对他们而言，通过@网络意见领袖或机构的微博来扩大抗议活动影响力的动机相对较弱。至于哪一种解释更准确则有待今后进一步研究来证实或证伪。

五、结论与讨论

本文使用统计分析方法比较了"专业技术人员与知识分子"和其他职业群体在微博空间的网络表达的异同。我们指出,微博用户的网络表达不仅包括日常网络表达,还包括抗议性网络表达。对日常网络表达活动的因子分析显示,微博用户的网络表达可分为生活休闲、网络互动、市场营销、学习发展等四大类。就抗议性网络表达而言,我们不仅考察了是否曾经参与网络抗议,还考察了在网络抗议中所担任的角色(如是否担任组织者或发起者的角色),以及在抗议过程中是否诉诸其他有社会影响力的微博用户。

研究结果显示,"专业技术人员及知识分子"比其他群体更加积极地与职业相关的机构的微博互动、更积极地与同行进行信息互动;但"专业技术人员及知识分子"比其他群体更少在微博上记录自己的生活、分享心情或宣泄情感、打发时间或消遣娱乐。然而,就搜集资料以学习提升或市场营销推广而言,"专业技术人员及知识分子"与其他群体并无显著区别。总之,"专业技术人员与知识分子"更倾向于外向型网络表达活动,他们试图在微博使用过程中扩大自己的社会互动圈子,同时维持群体内部的紧密联结;其他群体更倾向于内向型网络表达活动,他们在微博使用过程中倾向于记录生活、宣泄感情和消遣娱乐。在一定程度上,微博使用的差异由两个群体的职业特征和教育程度等差异所导致;同时,微博使用的差异又反过来进一步强化两个群体的差异。

就抗议性表达而言,"专业技术人员及知识分子"与其他群体在微博上参与网络抗议的可能性基本相当,但前者更少担任网络抗议组织者或发起人的角色,在抗议中也更少通过@其他有影响力的微博用户(大V、媒体微博或相关政务微博)来扩大网络抗议的影响力。一种可能的原因是,"专业技术人员与知识分子"处于社会的中间阶层,是社会发展的受益群体,较少遭遇严重的社会不公正和怨恨，因此他们更少成为网络抗议的组织者或发起人。由于"专业技术人员与知识分子"群体拥有更多社会资源，也更有能力解决所面临的纠纷，因此他们更少主动诉诸意见领袖来扩大网络抗议的社会影响力。另一种可能的原因是，"专业技术人员与知识分子"整体上具有谨言慎行的群体特征，这反过来可能会降低他们对高调的意见领袖的认同度，从而使他们在网络抗议中较少诉诸意见领袖。不管是哪一种原因，上述结果似乎表明，"专业技术人员与知识分子"群体的壮大可能有助于社会稳定。值得一提的是，尽管现有研究指出，"专业技术人员与知识分子"具有更高的公民意识和政治参与意识，但这并不意味着他们更可能参与网络抗议活动。从上述分析可知，尽管很多意见领袖源自专业技术人员和知识分子群体，但"专业技术人员和知识分子"作为一个整体并不比其他群体更激进。在这个意义上说，现有文献以公共事件或意见领袖为对象的研究路径具有明显的局限，今后需要以微博用户为对象，只有这样才能进一步深化我们对微博空间的理解。

最后，本研究也有助于阐明互联网使用与公民参与的关系。互联网研究的一个核心议题是：互联网技术的广泛使用是否会在一定程度上改变公民参与的格局。本文的研究发现表明：一方面，微博的日常使用更可能给"专业技术人员和知识分子"带来额外的资源并强化群体间的差异；另一方面，微博确实给其他群体（特别是底层群体）提供一个发声的工具和平台，使他们可以主动发起网络抗议，给予他们诉诸群体外意见领袖的机会。当然，今后的研究需要比较不同群体的网络抗议的结果，这样才能更准确地描绘微博与公民赋权之间的关系。

（作者：黄荣贵　辛艳艳）[1]

---

[1] 原文刊载于《新闻记者》2014年第12期。

第三节　底层群体与网络赋权：形式化增能与实质性缺失

一、研究缘起

（一）反思网络社会的赋权

网络社会作为一类新的社会发展形式，它依靠于信息技术搭建起了新的社会形态与结构，网络化逻辑的扩散改变着生产、经验、权力与文化过程中的操作和结果，并不断实现着蔓延与变化。网络社会有着与真实世界相近的结构框架，其中蕴含着真实世界对其的延伸，也有着内生于自身的适应性变革（何明升、白淑英，2008）。它的出现与发展是对真实世界的补充、替代与更替，具体表现在不同的场景之中。

在真实世界中，由于受着资源、规制等方面的约束，人们被分以了不同的群体，并被固定在社会结构的特定位置之中。作为社会的底层群体，他们在真实世界中拥有着较少的资源禀赋，在一定程度上阻碍了他们的行动与意义表达，从而触发了冲突、失衡等一系列现象的发生，影响着社会的稳定与秩序。网络社会为底层群体提供了一个新的实践空间，在真实世界中并不占优势的他们，在网络中有了重塑自我的机会，诸如网络草根名人、民间意见领袖等开始有所涌现，底层群体在这个虚拟空间有着别样的行动逻辑。

伴随着网络社会的崛起，网络对底层群体的赋权，也逐步被关注。对于底层群体而言，他们有着对于资源、权利的渴望，过往的成功案例显现了网络力量的强大。但零星的个案并不能呈现事物的完整图景，源于探究其本原的冲动，推动着对于网络赋权的深度思考。

赋权，亦称为增权（empowerment）是西方20世纪60、70年代出现的用语（陈树强，2003），它是多层而宽泛的概念体系。纵观西方文献对其的定义，主要分为关系性与概念性两类，其分别从社会关系与个体动机两个层面来加以界定（Conger & Kanungo，1988）。从其个体动机角度来看，赋权即是"赋能"（enabling）或是一类自我效能（self-efficiency），它源于对自主的内在需求，鉴于该意义之上，赋能通过提升个人效能感，以增强个体达成目标的动机，是一个让个体感受到自我掌控的过程（Mehra，2004）。从社会关系动机来进行审视，赋权的核心则在于其核心词 power，一方面权力赋予人们影响生活过程的能力，和他人共同控制公共生活的能力，以及加入公共决策机制的能力；另一方面权力也可以用来阻碍被打上耻辱烙印（stigmatized），把他人及他们的关注排斥出决策，以及控制他人。通过不同维度上的意义解读，选择从社会关系维度来加以理解，显得更为稳妥与准确。原因在于赋权是一个动态的、跨层次的体系概念，是一个社会互动的过程，赋权需要嵌入于日常的互动场景之中来得以实现。（Rogers & Singha，2003）

西方赋权理论有三个重要的取向，首先，其对象主要是社会中那些"无权"（powerless）群体（范斌，2004），主要指那部分社会底层群体。"无权"是一个主观感受，弱势感使其陷入缺乏自信、自责的自我价值之中，他的自我评估与他人和环境之间的作用力是一个互为构建、连续循环的过程，（Perkins & Zimmerman，1995）赋权使得社会群体能有机会参与到更为广泛的行动之中，激发其潜能。（于未，2011）其次，赋权是一个社会互动的过程，它离不开人际间的交流与沟通（Rappaport，1987）。最后，则是其天然的实践性，它不停留在理论遐想中，而是广泛地应用在社会实践中。

随着网络技术的迅速扩散与运用，Web2.0 使得人们可以能够跨越时空界限进行交互，通过符号对话的持续化过程，给予了西方赋权理论新的实践空间（赵云泽、付冰清，2010）。鉴于此，不同学者就网络对于底层群体的赋权功能有着广泛的讨论，并由此形成了不同的观点，争议的焦点在于网络赋权是否真实存在？针对该问题的回答，这成为本文研究的主旨。

二、网络赋权是否真实存在？

（一）增权赋能论

持支持态度的学者认为，网络作为一类新的社会空间与实践工具，它对于底层群体的赋权功能应该被加以认识与显现。郑永年在其《技术赋权：中国的互联网、国家与社会》中提出，信息进步与网络社会的出现，使得网络民主化进程被加以推进，国家与民众共享了网络所带给他们的赋权，特别是对于那部分弱势群体，他们将网络视为一类策略工具来加以运用，在网络中他们可以获得不同于真实世界的身份，集合更多的资源和力量来参与到国家民主化的发展之中，这类群体能够在网络中获得比真实世界更多的话语自由（郑永年，2014）。师曾志借助微博平台，以郭美美事件、"免费午餐"等等一系列社会事件，研究网络赋权的动态化过程，他认为传统媒介拥有者相对稳定的"媒体权力"，这在一定程度上压制了底层群体表达真实意见的机会，而网络环境则改变了这一境遇，它赋予了底层群体话语自由，从而协助他们争取更多的行动资源与可能（师曾志，2013；胡泳，2014）。通过积极有效的引导与合作，底层群体能在网络中形成扭转乾坤的权利（师曾志，2013；胡泳，2013）。胡泳对各类新媒体，诸如博客、聊天室、虚拟空间、网络游戏等进行阐释，随着社会媒介化及社会化的加速，打破了公共空间与私人空间的边界，底层公众有了更多的个人表达空间，在过程中他们通过网络增强了自身的话语自由度并获得更多行动资源。网络赋权功能的实现，在于它的分权、匿名与灵活性特质。对于缺乏机会与结社的中国而言，互联网为其提供了一个跨越阶层、资源、权利束缚的场所，彼此之间的交互变得不再存有障碍（胡泳，2013）。通过对于一个底层群体的组织观察发现，网络赋权的过程是一个曲折而复杂的过程，但是其最终还是能够实现。弱势群体通过新媒体技术，在个人心理、集体参与、社群意识各个层次都实现了赋权。新媒体的实践使得底层群体在话语、文化、经济、社会资本等领域有可能得到权利和能力的提升，传统赋权理论所关注的底层群体各个层面（个体、群体）的赋权过程已经展开，并发挥着巨大潜力（于未，2009）。

可以看出，持支持态度的学者多从意义表达与话语自由等方面，阐述了网络所给予底层群体的赋权实现。在其看来，自由的话语表达与空间构建，是网络赋权的重要表现及判定标准，网络帮助底层群体努力实现他们在真实世界中所不能实现的愿景,为其提供必要的场所、资源、符号和群体。

(二)赋权虚化论

否定网络赋权功能存在的学者们认为,网络的现实功能被加以夸大,其本身的赋权功能在无限的延展中变得全能化,进而需要冷静下来,重新对其进行审视与思考。

申玲玲通过对于新浪微博中的名人微博、人气草根、普通草根的实证研究,发现社会精英凭借身份标签赢得了稳定、较强的话语权利,这一阶层在网络中获得了最为广泛的支持。而社会底层群体以"内容标签"存在,他们能通过自己的内容展示成为短暂的关注,但是对其本质而言并未能获得真正的话语权,更不用说其动员能力及各类资源的获得能力。由此所呈现的是,网络社会中的话语权利结构,固化了结构形式并阻碍着底层群体在网络中对于话语权利的争取,网络对于底层群体的赋权也变得异常困难(申玲玲,2012)。赵云泽、付冰清以人民网的舆情频道为研究场所,选择在一段时间内对浏览量最多的 500 个帖子进行内容分析,进而划分了社会上层、社会中层、社会底层三类群体,对其的话语权利进行了分析。结果发现,网络言论中更多呈现的是中层群体的民意,而社会底层的拥有着最少的话语权利,他们的意见未被网络所支持与传播,反之被其他群体的意见所淹没,网络赋权对其而言,显得路遥而迷茫。

王全权、陈相雨通过底层群体在网络上的环境抗争发现,网络中存在"网络幻想",即假定的网络赋权功能给予底层群体无限力量。这一类幻想的存在源于一系列短暂的假象存在,网络给予了底层群体表达意见的通道,但是其并不为实质性权利的获得提供便利。底层群体有了一个展示的舞台,但随着演出的落幕而逐渐退场,且未能留下任何痕迹(王全权、陈相雨,2013)。

可见,网络的赋权功能并未像想象的那么强大,其存在一定的虚幻性与特定假象。在有关否定的讨论中,其讨论的焦点依然是对于话语权利的拥有情况考量，网络本身话语结构决定了网络中群体的身份划分，正是这类话语结构的存在阻碍与削弱了赋权功能的实现。话语在网络中的意义不同于真实世界，它不仅是交流的符号，其背后蕴含着身份、资源等更为多重的含义。

（三）再观赋权的类型与身份探究

1. 网络赋权的多重性

对网络赋权功能的存在，有着两类不同的判断，无论是支持还是否定，终将网络本身的赋权功能引向于非此即彼的二元对立之中。在笔者看来，两类观点的差异源于各自不同的观察视角与立场。对支持者而言，他们所认为的赋权源于个人话语表达与公共空间的构建，使得在真实世界中不占优势的群体，在网络中有了自由表达的空间，并以此促进与推动着公众参与和民主化发展。由此所呈现的是网络的形式化赋权，即网络能赋予底层群体自由表达的空间，其具备了赋权的形式化特质，使得底层群体在形式上实现了增能。

对于反对者而言，他们则聚焦于网络赋权的实质性属性，即网络能否为底层群体争取到实质的权利，以获得更多的资源禀赋。在其看来，网络在这一点上并未比真实世界来得更有优势，底层群体只是被卷入这一喧闹的环境之中，而并未获得真实的话语权利，从其赋权的实质性来看是缺失的。究其网络赋权本身，关注于话语的自由与话语的权利获得，以此为底层群体在网络中的行动创造更多的资源与可能。话语的自由是形式化赋权的表现，而话语权利则是实质性赋权的特质。就当前看来，网络社会的赋权存在着形式增能与实质缺失的共生现象。

2. "真实—虚拟"身份的双重界定

纵观过往的研究，虽有立足于实证基础之上的发现，但依然有着诸多可增进之处，待对此项研究来加以补充、更替与发展，这主要体现在两个方面。

首先，是话语权利的量化研究补充。网络中的话语权利，以一类无形的力量加以存在，进而影响着群体在网络中的动员力量与资源禀赋。以往的研究往往凭借对于网络文本的分析来判断是否隐含着权利的元素，这类分析存在主观偏好、理解偏差、无法量化等不足。真实世界中的权利建立与使用，都需借助在一定的社会资本基础之上，拥有丰富的社会资本则意味着拥有更多的交换权利，同时也更有利各类其他形式权利的获取。在网络中，社会资本依然是权利的重要参考，在充斥着话语的互联网环境中，其社会资本状况决定了行动者在网络中的话语权，"粉丝数"就是其话语权利测量的一个关键性变量。它可以很好的展现行动者的社会资本状况，从而判断其所拥有的话语权利状况。本研究来源数据借助于新浪微博平台，并选择以"粉丝数"为话语权利的量化指标，以此补充过往研究中对于权利量化的不足。

其次，对于群体"真实—虚拟"身份的双重确定。在以往研究中，对于群体的界定，多以虚拟身份为基础，凭借着网络身份来界定其社会底层标签，这类界定方式缺乏对其真实世界中的群体身份比对，难以实现"真实—虚拟"之间的一一对应，进而无法清晰诠释网络赋权的全过程及演变逻辑。针对于这一不足，借助于新浪微博平台，明确每一用户的真实身份状况，并依照一定规则与标准，以其在网上的诸多表现来界定他的网络身份，实现"真实—虚拟"的准确对应，以此来分析网络赋权功能的实现情况，进而提高研究的真实性、有效性。

三、数据来源、变量测量与分析方法

（一）数据来源

本研究数据来自"复旦发展研究院传播与国家治理研究中心"开展的"中国网络社会心态调查（2014）"，该调查采用职业－网民两阶段随机抽样的方式，抽取了1800名不同职业的新浪微博用户。数据收集采用观察法，通过阅读所抽取的新浪微博用户最近两年内发布的所有微博，对社会思潮、社会态度、社会情绪、网络表达与网络行动等方面的指标进行编码。由于部分变量存在缺失值，用于本研究的有效样本量为1177个。有效样本中，男性占

79.27%，女性占 20.73%；60 后及以前占 16.99%，70 后占 22.01%，80 后占 52.34%，90 后占 8.67%。

(二) 变量测量

1. 因变量

网络表达频率：形式赋权以网络表达频率来测量，网络表达进一步操作化为"是否经常在微博上分享心情、宣泄情感"。在数据指标中，"是否在微博上分享心情、宣泄情感"的选项包括"经常"、"偶尔"、"从不"，我们将"经常"编码为 1，"偶尔"和"从不"合并为 0。

网络影响力：实质赋权以网络影响力来测量，网民影响力进一步操作化为"粉丝数"，在此对粉丝数取对数。

2. 自变量

核心解释变量"是否为底层群体"，是二分变量。在数据指标中，"职业群体"的选项包括"商界精英"、"专业技术人员和知识分子"、"党政人群"和"社会底层群体"，将"社会底层群体"编码为 1，"商界精英"、"专业技术人员和知识分子"、"党政人群"合并为 0。

控制变量包括性别、年龄、受教育程度、活跃度、开通博客的月数（开博月数）。其中，性别是 0、1 变量；年龄是类别型变量，取值包括"90 后、80 后、70 后、60 后及以前"；受教育程度是类别型变量，取值包括"研究生、本科生、大专、高中及以下"；活跃度是数值型变量，由微博数除以开博月数，并取对数得出。（各变量的描述统计结果见表 5-13）

表 5-13 变量描述统计 (N=1177)

变量	平均值	标准差
粉丝数（取对数）	7.857	1.807
活跃度（取对数）	3.799	1.129
开博月数	41.830	12.302
是否经常在微博上分享心情、宣泄情感	是	935（51.94%）
	否	865（48.06%）

续表

变量	取值	频数(百分比)
性别	男	933(79.27%)
	女	244(20.73%)
年龄	90后	102(8.67%)
	80后	616(52.34%)
	70后	259(22.01%)
	60后及以前	200(16.99%)
受教育程度	研究生	334(28.38%)
	本科	680(57.77%)
	大专	117(9.94%)
	高中及以下	46(3.91%)
群体类型	社会底层群体	188(15.97%)
	非底层群体	989(84.03%)

3. 分析方法

由于因变量"是否经常在微博上分享心情、宣泄情感"是0、1二分变量，所以我们采用二分logistic回归模型对其进行回归分析；因变量"粉丝数"是连续数值变量，所以采用多元线性回归模型对其进行回归分析。

四、研究结果

(一)形式化赋权的分析

以"是否经常在微博上分享心情、宣泄情感"为因变量进行logistic回归分析。结果显示，社会底层群体的系数在0.001的显著性水平上显著，对应的Exp(β)为1.979。即，与非底层群体相比，社会底层群体经常在微博上分享心情、宣泄情感的发生比显著高出97.9%。也就是说，社会底层群体比非底层群体更乐于进行网络表达，即在形式化赋权方面，社会底层群体甚至高于非底层群体。

此外，在控制变量中，性别的系数在0.05的显著性水平上显著，对应的Exp(β)为0.627，即男性经常在微博上分享心情、宣泄情感的发生比比女性低 37.3%；90 后、80 后的系数均在 0.001 的显著性水平上显著，对应的 Exp（β）分别为 3.343 和 1.758，即 90 后和 80 后经常在微博上分享心情、宣泄情感的发生比分别是 60 后及以前群体的 3.343 倍和 1.758 倍。

表 5-14 对"是否经常在微博上分享心情、宣泄情感"的 logistic 回归结果

变量	模型 1	
	系数（标准误）	odds ratio
控制变量		
性别（男 =1）	−0.466（0.153）**	0.627
年龄（60 后及以前为参照组）		
90 后	1.207（0.282）***	3.343
80 后	0.546（0.178）***	1.758
70 后	−0.228（0.199）	0.796
受教育程度（研究生为参照组）		
本科	0.496（0.695）	1.643
大专	0.380（0.246）	1.462
高中及以下	−0.114（0.366）	0.892
活跃度（取对数）	−0.055（0.056）	0.946
开博月数	−0.003（0.005）	0.997
解释变量		
群体类型（非底层群体 =0）		
社会底层群体	0.682（0.193）***	1.979
−2Likelihood	1521.820	
BIC	−6722.644	
N	1177	

注：** 表示 p<0.01，*** 表示 p<0.001。

（二）实质性赋权的分析

以"粉丝数"为因变量进行多元线性回归分析发现，模型 3 的调整 R^2 为 0.3654，说明该模型具有较强的解释力。结果显示，社会底层群体的系数为 −1.406，在 0.001 的显著性水平上显著，即与非底层群体相比，社会底层群体的粉丝数对数平均低 1.406。也就是说，社会底层群体的网络影响力显著低于非底层群体，即在实质赋权方面，社会底层群体明显低于非底层群体。

此外，在控制变量中，90后、80后的系数分别为-1.134和-0.804，显著性水平为0.001，即90后、80后的粉丝数对数分别比60后及以前平均低1.134和0.804；活跃度对数和开博月数均显著为正，即活跃度越高、开博月数越多，粉丝数也越多。

表5-15 对粉丝数的多元线性回归分析结果

变量	模型2 系数（标准误）
控制变量	
性别（男=1）	0.177（0.104）
年龄（60后及以前为参照组）	
90后	-1.134（0.184）***
80后	-0.804（0.124）***
70后	-0.191（0.136）
受教育程度（研究生为参照组）	
本科	0.017（0.471）
大专	-0.123（0.168）
高中及以下	-0.204（0.249）
活跃度（取对数）	0.569（0.038）***
开博月数	0.024（0.003）***
解释变量	
群体类型（非底层群体=0）	
社会底层群体	-1.406（0.127）***
截距	5.598（0.255）***
N	1177
R^2	0.3708
Adj-R^2	0.3654

注：* 表示 $p<0.05$，*** 表示 $p<0.001$。

（三）不同群体响应网络行动的群体边界

将职业群体类型与"响应哪类群体的行动号召"进行列联分析，结果显示，二者显著相关（$P<0.001$），除"其他"选项之外，商界精英响应比例最高的（50.57%）是商界精英的行动号召，专业技术人员与知识分子响应比例最高的（29.98%）是专业技术人员与知识分子的行动号召，党政军人员响应

比例最高的（27.39%）是党政军群体的行动号召，社会底层群体响应比例最高的（22.82%）是社会底层群体的行动号召。也就是说，不同群体的网络行为依然延续着现实世界中的群体参照，各类群体都是以响应自己的"圈子"为主，彼此之间存在着无形的边界。现实世界中的群体认同，并未在网络情境中发生实质改变，而是得到了进一步延伸与固化，因而并未实现网络的实质性赋权。底层群体难以真正突破"圈子"的束缚，传统的社会结构在网络环境中依然难以撼动。

表5-16 职业群体与响应的对象群体列联表（N=1124）

响应的对象群体	职业群体				X^2
	商界精英	专业技术人员与知识分子	党政军人员	社会底层群体	
商界精英	**50.57%**	21.17%	10.00%	18.67%	
专业技术人员与知识分子	11.36%	**29.98%**	14.35%	18.67%	
党政军群体	1.70%	0.21%	**27.39%**	0.83%	398.137 (P=0.000)
社会底层群体	4.55%	4.19%	6.52%	**22.82%**	
其他	31.82%	44.44%	41.74%	39.00%	
合计	100%	100%	100%	100%	
N	176	477	241	230	

五、结论与讨论

研究发现，网络并非像设想的那样无所不能，网络对于底层群体的赋权功能有其局限性。网络中的形式化赋权与实质性赋权，构建起了网络赋权的整体图景。针对于此有两方面重要发现：

一方面，形式化赋权增能，并未能唤起实质性赋权的觉醒。在网络喧哗之中，底层群体仅为众人中的参与者，他们的存在为网络增添了主题与话语，话语自由和个人表达空间拓展使其能有机会沉浸于其中。但是这一切并未能帮助他们真正获得实质性的话语权利，依然无法突破真实世界的现状，资源、权利对其而言依然还有待于去接近。我们在网络中看到了许多底层群体呼唤权力的声音与行动，或成功或失败，但仔细分析某些成功的背后，实则并非是底层群体个体的力量所能实现的，而是借助了群体力量或其他角色介入。例如：

> "一位普通大学生，家境贫寒，其父亲不幸身患重病，家中急需治疗费用。该名大学生通过微博上传了相关材料与证明，通过微博来进行求助，期间@了大V、名博以扩大影响力，仅过了数日，最终成功募集了几十万元救命钱，实现了网络求助的成功。"

可以看出，事件的发起是由身处底层的个人所发起，但仅凭其个人的身份力量是难以实现广为传播的，期间还需借助大V、名博的影响，以及各类群体的融入，最终才能共同实现。因而，底层群体在网络中可以成为话题、议题的提供者，但是其还是难以成为这些话题、议题的扩散者，他们获取资源与影响力的能力依然很有限，这一切有待于与其他群体的共同配合完成。

另一方面，"圈子"的跨界存在，成为了网络赋权的阻碍。真实世界中有着稳固的社会结构，从而也形成了属于不同群体的"圈子"。网络中的交互行为，并非完全脱离于现实而独立存在，它是对于真实世界的透射，从而"圈子"也被透射于这一场景之中。底层群体获得了形式化权利，可以有更为自由的话语表达机会，但是这仅为单向度的信息传递，需要的是所说群体或其他群体的认同与认可。"圈子"的内聚性特征，固化了成员身份，使其难以跳出"圈子"，去参与到其他成员之中。这种区隔化的交互行为，成为底层群体难以获得实质权利的缘由。

通过研究发现，网络让社会底层群体的双重性进一步清晰，这种现象的存在有着真实世界与网络社会的共同作用。由此也引发了进一步的思考，如何突破"真实—虚拟"的牵绊，真正发挥网络对于底层群体的赋权功能，使得形式化与实质性达到统一？

如若要达成形式与实质的统一，首先，需要回到现实社会中来进行反思。网络存在是对于现实社会的真实投射，网络中诸多问题与现象的解决，还需还原于现实场景中，而不是"头痛医头，脚痛医脚"。因为其问题的根本依然产生于现实社会中，而并非完全归因于虚拟社会。其次，对于现有社会价值观的修正与完善。当前社会，对于权力、财富、声望的尊崇，使得主流价值观中内蕴有鲜明的利益化趋向，那些掌握丰富资源的群体，往往成为了公众羡慕与欲之接近的对象，而底层群体则由于缺乏资源的获取，而被远离或忽视。从而形成了无形的群体区隔，整个社会被划分为一个个封闭的"圈子"。在价值观的驱使下，底层群体难以突破或融入其他群体的"圈子"，而被冰冷的排斥在外。这种现象一旦存在于现实之中，很自然也会被投射至虚拟社会，并被加以持续与强化。进而需要从意识与观念上进行转变，以求得"圈子"边界的突破，以及唤起更多公众对于底层群体的关注与关爱。最后，则是从底层群体入手，提升其获取权力的技能。互联网存在着"数字鸿沟"，虽然这一鸿沟已被缩小，但其依然存在，底层群体在网络技能方面相较于其他群体还是有所不足的，这直接影响了他们在网络中的信息传递与互动，也直接影响着他们在网络中获取权力的机会，因而对于其网络技术的提升，能在较大程度上改善他们在权力获取方面的不足，帮助他们在网络中获取更多的实质性权力。以上这些将对于社会底层群体的网络赋权有着积极且重要的意义。

（作者：朱逸、李秀玫、郑雯）[①]

---

① 原文刊载于《天府新论》2015年第5期。

第六章 传 播

第一节 微博异质性空间与公共事件传播中的"在线社群"

理解互联网空间的性质是近年来互联网研究的一个核心议题，这一议题往往与互联网技术促进公民参与还是导致用户远离公共议题这一争论紧密相连。正面观点认为，互联网使用降低了人们接触公共信息的机会成本（Livingstone，2008），降低了信息传播的成本（Shah，Cho，Eveland & Kwak，2005），提升了信息的多元性（Yang，2009），为不同类型的公民参与提供了崭新的平台（Best & Krueger，2005；谢征，2012），并最终促进公民的参与式民主行为（Jacobs et al.，2009）。负面观点认为，互联网上令人眼花缭乱的信息和娱乐服务会使用户沉迷其中而远离公共话题（Jennings & Zeitner，2003），"数字鸿沟、商业化与碎片化、缺乏把关人"等特征使新媒体空间离哈贝马斯的公共领域理念相去甚远（魏明革，2012），互联网的开放性、互动性、匿名性、低成本性、低公信力、弱规范性使其对公民参与的影响具有不确定性（薛可、王丽丽、余明阳，2014），甚至会增大公民参与的无序性与暴力性（胡正荣，2012）。

大多数文献从理论阐释和影响机制等角度探讨互联网对公共领域建构及公民参与影响，并取得了诸多成果。然而，这些研究倾向于将互联网用户作为一个同质性的整体加以理解，未能有效呈现公民参与的复杂性和多元性，这也可能是现有经验研究得出不一致结论的一个重要原因。正如潘忠党（2012）指出的，虽然互联网使用与公民参与在统计上具有正向联系，但研究者也要谨防"参与的幻想"。伴随中国互联网的迅猛发展和公民参与实践的增多，对我国公民的在线参与实践区别于西方的特殊性分析亦有待加强。其中，少量研究开始考虑不同类型媒介使用对公民参与的不同作用（钟智锦、李艳红、曾繁旭，2014）。

然而，即使在同一个互联网平台，不同用户也拥有不同的使用动机、具有不同的在线参与模式，因此有必要对互联网用户进行分类并具体分析不同用户类型的参与模式及其影响因素。幸运的是，互联网（特别是社会化媒体）的特性为我们研究不同用户的在线参与模式提供了便利：互联网上的交往活动能够被系统地捕捉到（这在线下交往活动中是无法做到的），这使我们可以对非正式沟通的流向、观点在不同社会群体之间的传播以及隐藏在沟通之下的网络结构进行观察或做出合理的推断（法雷尔，2013）。特别地，社会化媒体用户对不同的公共事件关注度不同，在互联网空间具有不同的参与行为，并最终形成潜在的群体结构，这种结构会进一步呈现在互联网虚拟空间中。因此，通过考察用户在互联网空间对公共事件的关注和传播，有助于我们从公共参与的角度揭示互联网空间中独有的潜在群体结构，为我们深入理解互联网与公共参与的关系提供更坚实的基础。在此研究的脉络中，本文尝试从探讨"互联网是否促进了公民参与"转为探讨社会化媒体公共空间中多元公民参与群体的潜在结构及其属性，以深化我们对中国互联网空间性质的理解。这一研究路径也有助于我们回应互联网空间究竟是"公共空间"还是"娱乐空间"等理论争论。

一、互联网空间的基本性质

（一）碎片化、公共化或娱乐化：现有三种理论视角

不少文献围绕互联网空间的基本性质展开争辩，其焦点包括互联网空间的"碎片化"、"公共化"、"政治化"和"娱乐化"。首先，信息传播整体性的消解和个性化的膨胀是互联网时代的一个明显趋势。这一趋势带来信息来源和形式的无限多样化，信息内容过剩和散乱无序，受众和传播者角色的去中心化，从而导致了网络空间的"碎片化"。当人人都可以成为传播者时，分散的公共参与行为对互联网公共空间的发展是一个巨大的考验。特别地，网

络受众群体的多层次分化加剧了"碎片化"。近几年的 CNNIC 调查显示,虽然网络用户的性别比例和各年龄段网络用户比例基本趋于平衡,但是受众在文化程度、经济收入、地域和行业分布等方面的差异却越来越大(曹小英,2004),上述用户特征的分化也导致了受众个体在信息获取方面的选择性接触。从性别上看,男性比较注重理性,较多关注新闻、科技、军事等信息,女性则比较偏重感性,喜欢聊天、网上购物、时装、美容等信息;从年龄上看,老年网络用户关心卫生与健康信息较多,中年网络用户偏重政治、经济、社会信息,而青少年网络用户的娱乐动机更强;从教育程度上看,受教育程度越高的人,花在娱乐上的时间越少,而经常光顾网吧的中小学生,上网的主要目的是玩电子游戏或网络聊天(周灿华、蔡浩明,2007)。

斯托尔(转引自舒尔曼,1995)指出,"网络是历史上存在的真正的最接近无政府主义状态的东西"。网络用户个性化的私利本能不断地消解网络空间的公共精神,碎片化的主体亦不再相信统一的或普遍的理性原则(段永朝,2009)。吊诡的是,"碎片化"带来的"分众化"同时也意味着具有相同或相近兴趣爱好的个体可以聚集在一起,形成数量庞大、规模较小的群体。这些分散于各地却在某些方面有着共同态度/需求/趣味的人因互联网而组成了一个个"在线社群"。

其次,由于公民对国家政治生活和政治决策的参与最具有实质性意义,不少研究围绕网络公共空间与公民参与的关系而展开(Esarey & Xiao, 2008; Hung, 2006; Lei, 2011)。每个网络用户的在线偶聚均可能形成公共话题的讨论,互联网也因此成为聚会的公共广场,成为一个汇聚众多公共话题的竞技场(周辉,2009)。可见,互联网空间也具有"公共领域"、"公共空间"的属性。互联网的互动性、非等级性、大众接触的便利性和惊人的覆盖面等特征使其具有巨大的政治吸引力,西方相关研究文献也常常预设互联网技术特征直接影响民主政治的运作(周永明,2009)。然而,中国的情况具有自身的特殊性:一方面,在现实政治生活中,公众参政议政的诉求更多停留在参与意愿层面;另一方面,中国互联网公共空间的兴起与发展给予民众一个全新的政治参与途径，很大程度上激发了参与者的政治热情。而现实的无力感更进一步助长了网络用户在虚拟空间的政治表达和在线参与，甚至是情绪化的"过度政治化"（王海越，2009）。不管是人民网"强国论坛"、新华网"发展论坛"、天涯社区，还是新浪微博、微信等社会化媒体平台，火爆的网络政治表达和参与展现出中国互联网空间突出的公共化与政治化属性。

与"公共化"、"政治化"并驾齐驱的声音是对中国网络空间"泛娱乐化"现象的担忧（李亚彪，2007）。有媒体报道称，中国互联网的娱乐化比例远高于西方国家，中国网络用户与西方网络用户最大的区别是网络用户年龄结构偏低，24岁以下年龄段上网人数占网络用户比例超过一半，娱乐化倾向严重。[①]互联网空间的娱乐化主要表现在两个方面（王荣，2013）：一是数量庞大的网络用户关注娱乐性议题；二是对其他类型议题（包括严肃的权威新闻）进行娱乐性解读。在新浪政务微博研究报告中，无论是党政机构微博还是公务人员微博，私人性、情境性的微博信息均占50%以上，如果考虑到相关信息的活跃程度，私人性、情境性的微博信息的传播力度远高于政务信息，这种趋势甚至已经大大削弱政务微博的公共性（毛高杰，2012）。如尼尔·波兹曼在《娱乐至死》一书中写的："我们的政治、宗教、新闻、体育和商业都心甘情愿地成为娱乐的附庸。"

（二）公共事件传播中的潜在"在线社群"：本文的分析视角

现有文献往往通过理论阐释或案例分析等方法来探讨互联网空间的属性，在分析过程中通常仅聚焦于某一特定的属性和维度。尽管一些文献指出，互联网空间存在基于志趣的社群，但这些研究的主旨是强调微博空间的碎片化性质，并没有从用户角度出发，通过经验数据来识别网络空间中究竟存在哪些在线社群，无法较为全面地描绘各个在线社群的兴趣点、关注点及其分布结构。一些分散的"网络民族志"（netnography）研究会以某一群体为研究对

[①] 新闻晚报："互联网成了鸦片？中国网络高度娱乐化"（http://soft.zol.com.cn/91/910076.html），2008-05-03 10:19。

象,对其文化、价值观、网络行动模式等加以观察和探索,但同样由于缺乏基于系统的统计数据的用户社群的识别,研究者无法让人信服地表明,互联网空间究竟是一个具有政治意涵的"公共空间"还是更加纯粹的"娱乐空间"。换句话说,为了有效地研究互联网与公民参与的关系,我们不仅要研究参与者分成了哪些群体,更要深入探讨与互联网空间性质相关的社群结构。本文将根据互联网用户对公共事件的关注度及其在事件传播中的角色来初步划分在线社群,考察各个群体的分布和特征,并进而探讨中国互联网空间的基本性质。

值得一提的是,本文讨论的"在线社群"(Online Communities),既区别于传统现实社会中基于共同利益或目标形成的社会群体,也区别于一些研究中提出的"虚拟社群"(Virtual communities)概念。通常,我们所说的现实社会群体是具有明确边界和成员归属的集体。"在线社群"则更多的是具有共同特征、属性或关注点的隐性/潜在的社会群体,他们的成员归属不在于成员身份,而在于他们共享的志趣。另一方面,"在线社群"又不是完全虚拟的存在,他们的现实社会属性深刻地影响着不同群体的行为模式,其呈现出的社群结构背后具有深刻的现实意义。"在线社群"的新颖性在于,互联网用户原本是一个隐性群体,我们需要依托用户属性数据资源,从数据逻辑出发,发现具有共同属性的多元潜在群体。在数字化时代,每个互联网用户的属性、用户间关系、用户行为等信息均保留在互联网空间中,这既是新型在线社群得以出现、存在和运行的基础(郑志勇,2006),也是本研究的分析基础。更进一步,基于数据逻辑发现的在线群体,亦为我们更加深刻地理解其现实社会基础、理解新媒体建构新社群的过程提供了更加有效的经验材料。

本文以微博用户所关注的公共事件为切入点来考察微博空间的在线社群聚类现象。我们认为,同一潜在社群的成员更可能关注相同类型的公共事件;反之,分析公共事件与用户之间的关系有助于我们揭示微博空间中具有同质性的在线社群。结合现有文献对互联网空间性质的理论讨论,本文将同时考察政治性事件、公共安全事件和娱乐事件。一旦完成在线社群的划分,我们将进一步分析各社群的规模和特征及不同在线社群所具有的现实社会属性。

具体而言，本研究将围绕以下问题展开：

Q1：基于用户对不同公共事件的关注度，是否有可能区分不同的在线社群？如果可以，存在多少个在线社群？各类社群的成员占多大比例，表现出怎样的社群结构？

Q2：如果存在多元在线社群，每个社群成员具有怎样的现实社会属性？即什么样的微博用户更有可能属于特定的在线社群？

通过对上述两个问题的回答，我们可以进一步探讨中国互联网空间的基本性质，甚至有助于阐明具有中国特色的网络公民参与的特殊性。

二、数据来源与研究方法

（一）数据来源

本文的数据来自复旦大学传播与国家治理研究中心完成的"中国网络社会心态调查（2014）"。该数据覆盖不同职业群体、不同年龄段、不同地域、不同教育背景的用户，并详细记录这些用户的社会价值观、对重大社会／政治议题的态度、网络社会情绪、群体间认同与群体自我认知等多方面内容。

（二）研究方法

本文选取 2014 年上半年在互联网上广泛传播的五大事件作为测量指标。事件选取原则包括两个：第一，事件具有较大的社会影响，分散在 2014 年上半年不同的时间，且都是新浪微博"热门话题"中的榜首；第二，所选取的事件类型较为多样化，既有传统政治性议题"2014 年两会"、轰动全国的邪教恶性事件"招远事件"、涉及公共安全民族矛盾的"昆明暴恐袭击"，也有娱乐圈重磅爆料"文章出轨事件"和政治娱乐化事件的典型代表"庆丰包子事件"。作者对这五大事件进行编码，如果微博用户曾经提及该事件，取值为1，否则为2。

本文选择潜类分析模型（Latent Class Model）对上述事件进行分析，将微博用户区分为若干个子群体（详见下文）。潜类分析在两个方面不同于因子分析：首先，潜类分析的测量指标和潜变量均为类别变量；其次，潜类分析的目的在于将被研究者分类，关注的核心在于"人"而不是"变量"。与聚类分析相比，潜类分析也具有自身的优势：潜类分析是基于模型的分析，因此研究者可以通过统计标准来确定潜在的子群体的数量；而一旦得到所估计的模型，我们同时得到每个对象属于特定子群体的概率。本研究使用 R 软件的 poLCA 程序包完成潜类分析。

完成潜类分析并得到每位博主所属的子群体后，本文还将进一步通过多项 logit 回归分析考察各子群体的现实社会属性，从而揭示现实社会属性与微博空间中用户公共参与行为的系统性关联。

三、分析结果

（一）异质性微博空间：微博用户四大潜类及其社群结构

描述分析显示（见表 6-1），样本中有 9.4% 的微博用户提及庆丰包子事件，有 11.8% 的微博用户提及 2014 年两会，有 11.4% 的微博用户提及招远事件，有 18.2% 的用户提及昆明暴恐袭击，还有 9.1% 的用户提及文章出轨事件。其中，公共安全事件（昆明暴恐袭击）的提及率最高，社会影响面最广，其次是政治性事件（2014 年两会），而娱乐事件的提及率相对较低。

表 6-1　微博用户对五大公共事件提及率

	庆丰包子事件	2014 年两会	招远事件	昆明暴恐袭击	文章出轨事件
提及	9.4（169）	11.8（212）	11.4（205）	18.2（328）	9.1（163）
无提及	90.6（1631）	88.3（1588）	88.6（1595）	81.8（1472）	90.9（1637）

注：带小数点的数字表示百分数，括号内数字表示频数。

笔者拟合了潜类数为 2、3、4、5 的 4 个潜类模型，并对其进行比较，从而选择合适的模型（见图 6-1）。具体而言，4 潜类模型的 AIC 指标值最小，5

潜类模型的 AIC 指标随之开始增加；就模型的对数似然值而言，4 潜类模型的取值最小，5 潜类模型的对数似然值基本和 4 潜类模型类似；就 BIC 指标而言，3 潜类模型的取值最小。结合各模型中特定潜在子群体提及事件的概率，我们认为 4 潜类模型的含义更明确，也更符合我们对微博用户群体的直观认识。综上，我们选择 4 潜类模型作为本文的最终模型。

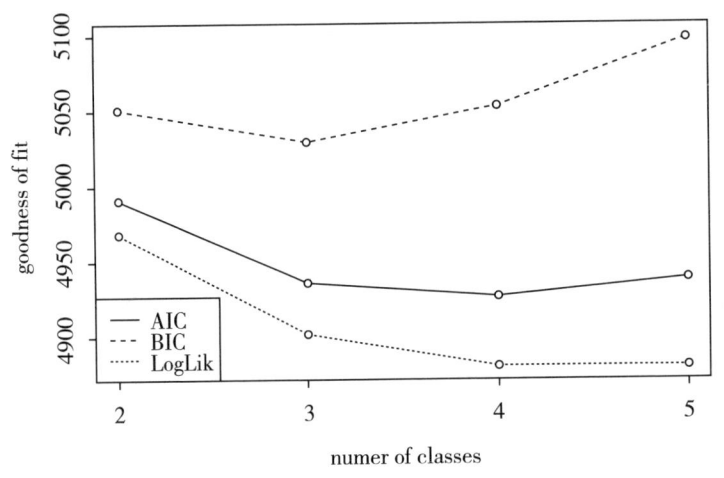

图 6-1 潜类模型比较

上述分析表明，4 潜类模型能较好地刻画出不同群体关注公共事件的内在逻辑结构。不管是哪一个公共事件，第一个微博用户子群体均很少提及，因此我们将该子群体称为"公共事务冷漠群体"，该子群体用户所占的比例最大，约 81.2%。第二个子群体关注 2014 年两会和招远事件的可能性非常高，但是关注庆丰包子事件和文章出轨事件的可能性很低，我们将这一群体称为"严肃政治关注群体"，这一子群体用户约占 10.7%。第三个子群体关注昆明暴恐袭击事件的可能性很大，但几乎不关注 2014 年两会和招远事件，对庆丰包子事件和文章出轨事件的关注度也比较低，我们将之称为"公共安全关注群体"，该群体用户大约占 6.9%。最后一个子群体同时关注本文所测量的 5 个公共事件，我们将其称为"高参与度群体"，该群体所占比例非常小，仅 1.2%。详见表 6-2。

表 6-2 潜类模型分析结果（潜类数 =4）

提及事件	公共事务冷漠群体	严肃政治关注群体	公共安全关注群体	高参与度群体
庆丰包子事件	0.047	0.191	0.353	0.702
2014 年两会	0	1	0	1
招远事件	0	1	0	1
昆明暴恐袭击	0.099	0.417	0.700	0.894
文章出轨事件	0.048	0.115	0.387	1
潜类概率	0.812	0.107	0.069	0.012

注：表格数字的含义为 P（提及事件 | 特定潜类）。

上述潜类分析揭示了几个非常有意思的模式：第一，微博空间确实存在着多个具有不同关注取向的子群体，隶属于不同在线社群的微博用户之间存在较大的异质性，今后的研究不应该笼统地谈论微博用户，而应该对其有所区分，并深入研究不同类型的子群体。另一方面，虽然互联网的"碎片化"属性已深入人心，但在公共参与问题上，互联网空间的碎片化过程仍然具有一定规律，其分化趋势与聚集趋势并存。

第二，在四大潜类别社群中，高达 81.2% 的微博用户并不关注公共事件传播。对此，可能有不同的原因：一方面，网络上的信息良莠不齐、真假难辨，多数人就对网络上的种种信息，尤其是论坛当中的言论抱着"无所谓"或不置可否的态度，并不予理睬，面对如此海量的信息，人们无暇参加留言讨论，只能是匆匆浏览；另一方面，微博空间具有私人性，它的排他性和个体性特征，可能主要为用户提供表达自我使用感受的空间（姜卫玲，2014）。

第三，尽管不少学者认为中国的网络空间和微博空间具有娱乐化倾向，但不管是描述分析还是潜类分析结果均表明，微博用户对娱乐化事件的关注度并不高，也并没有围绕娱乐化事件而形成一个独特的子群体。如果我们将庆丰包子事件和文章出轨事件看作社会化媒体时代娱乐传播的代表性事件，则我们发现只有"高参与度群体"对其关注的可能性大于不关注的可能性。可见，娱乐化传播方式并未有效地渗透到一般的微博用户中去。总之，简单地宣称中国的微博空间是一个娱乐空间而不是公共领域并没有准确刻画微博空间的性质。

第四，"严肃政治关注群体"所占的比例并不低（10.7%），是最为重要的公共事件关注群体，可见微博空间依然是重要的公共空间。虽然"公共安全关注群体"和"高参与度群体"均非常关注，但是"公共安全关注群体"是一个独特的群体，他们仅关注公共安全这一特定议题，而不关注更为一般的政治/社会议题。

（二）多元微博"在线社群"的现实属性分析

由于互联网使用会受到现实社会地位与资源的影响（Orton-Johnson, K. & Prior, N., 2013），我们有必要考察属于不同在线社群的微博用户的现实属性。已有研究考察互联网用户在现实社会的客观背景与网络行为模式之间的关系，包括地域、职业、阶层、年龄、性别、教育程度等。Guan（2014）等人发现，男性用户比女性用户更倾向于讨论热点事件；芦何秋（2011）等认为意见活跃群体存在地域、职业和社会阶层的偏向；秦珠芳（2013）则发现70后、80后微博用户对"钓鱼岛事件"表现出较大的关注度和活跃度，大学本科或以上学历是转发该事件的微博主流群体。结合现有研究结论以及数据可获得性，本文将性别、教育程度、代际和微博使用活跃程度作为自变量，对四大类公共事件参与群体进行回归分析，这将有助于我们更加深入地了解微博用户的分化，也有助于我们理解微博空间的性质。

在回归分析中，因变量是微博用户所属的子群体，这是一个4分类的变量，因此我们使用多项 logit 回归进行分析，其中"公共事务冷漠群体"为参照群体。自变量包括性别、教育程度、代际以及微博使用活跃程度。其中，男性编码为1，女性编码为0；教育程度大学及以上编码为1，否则为0（包括未标明教育程度者）；考虑到80后和90后属于互联网时代长大的"数字原住民(digital native)",我们将他们编码为1,否则为0;微博使用活跃程度得分为1—3分,分别代表了不活跃、一般和活跃。值得一提的是,从探索性数据的分析中发现,职业类型对微博用户所属的子群体并没有显著的影响,因此本文所报告的模型并没有包括职业类型这个变量。此外,值得说明的一点是,由于"高参与度群体"人数非常少,对应方程的估计值的可靠性较低(若干系数的标准误非常大),因此笔者并不对其进行详细的解读。

统计分析表明(见表6-3),性别对微博用户属于哪个子群体并没有显著的影响。如果以"公共事务冷漠群体"作为参照组,接受过大学或以上教育者更加有可能属于"公共安全关注群体"。具体而言,受过高等教育者成为"公共安全关注群体"的比例是成为"公共事务冷漠群体"的比例的2.5倍。尽管80后和90后的微博用户被认为是"数字原住民",他们通过微博空间来关注严肃政治的可行性相对较低。具体而言,80后、90后微博用户成为"严肃政治关注群体"的比例仅是他们成为"公共事件冷漠群体"的比例的0.477倍。类似的,尽管80后、90后这一变量在"公共安全关注群体"方程中并不显著,但回归系数为负,似乎表明80后、90后微博用户倾向于成为"公共事务冷漠群体"而不是"公共安全关注群体"。对此,有两种不同的解释:第一,80后和90后微博用户尚未进入社会或尚处于事业拼搏期,他们与政治体系的整合程度相对较低,空余时间也较少,因此对政治事件和公共安全事件的关注较少;第二,被称为"数字原住民"的一代受互联网娱乐化趋势的影响较大,这种特殊的社会化过程导致他们不关心时政,而更加关注自身表达或娱乐信息。至于究竟哪一种解释更加合理,则有待今后进一步研究。

微博使用活跃程度与"严肃政治关注群体"和"公共安全关注群体"之间具有密切的关系。活跃微博用户成为"严肃政治关注群体"的比例是成为"公共事务冷漠群体"的比例的2.0倍。类似的,活跃微博用户成为"严肃公共安全关注群体"的比例是成为"公共事务冷漠群体"的比例的3.7倍。该统计结果似乎表明,相当大部分微博用户属于公共事件冷漠者的另一个原因在于为数不少的微博用户并没有积极参与微博转发和评论。进一步的描述统计表明，约 25.3% 的用户在过去两周从不转发或评论，另有 24.5% 的用户在过去两周转发/评论数少于 5 次。

表 6-3 微博用户子群体的特征：多项 logit 回归

	严肃政治关注群体	公共安全关注群体	高参与度群体
常数项	−3.57** (0.36)	−7.22** (0.79)	−57.62** (6531.63)
男性	0.26 (0.20)	0.43 (0.34)	1.30 (1.04)
大学及以上	−0.05 (0.17)	0.92* (0.33)	0.77 (0.66)
80/90 后	−0.74** (0.166)	−0.29 (0.25)	−0.78 (0.56)
微博活跃度	0.70** (0.11)	1.30** (0.24)	17.49 (2177.21)
对数似然值	−912.46		
似然比检验	Chisq = 152.88	p-value = < 2.22e−16	

注：参照群体为"公共事务冷漠群体"。括号中的数字是标准误。** 表示 P<0.01

四、结论与讨论

新信息技术可以让心态/态度/关注点相同或相似的人群联合起来，建构全新的社会关系，因此具有"创造社群"的作用（刘左、李林英，2012）。在此过程中，互联网用户之间往往存在趋同类聚或同质分类过程，并表现出独有的在线社群结构，而揭示这一潜在的在线社群结构则有助于我们深入理解互联网空间的基本属性。本文聚焦微博用户多元化的公共参与行为，以呈现在线群体的复杂性和多样性为着眼点，通过统计建模，从经验上揭示了在线社群的结构，从宏观上展示了具有中国特色的互联网空间的基本属性及其现实社会基础。

通过对 2014 年上半年传播范围广泛的多种类型的公共事件传播中的在线社群进行潜类分析，文章拟合出四大类公共事件参与群体，包括"公共事务冷漠群体"、"严肃政治关注群体"、"公共安全关注群体"和"高参与度群体"。其中，"公共事务冷漠群体"是主要的群体，该群体与"高参与度群体"所占比例悬殊，相差近 80 倍。"严肃政治关注群体"和"公共安全关注群体"所占比例均不小，但"严肃政治关注群体"占比稍大（为 10.7%），是最为重要的公共事件关注群体。然而，围绕娱乐化事件的关注和传播并未形成独特的子群体。

以上研究结果显示，微博空间存在较大的异质性，至少就公民参与而言存在着群体异质性和多元化，因此，今后的研究需要对其有所区分。与此同时，互联网空间的碎片化过程仍然具有一定的规律，其分化过程围绕少数若干议题而发生，在这个意义上，网络空间的分化趋势与聚集趋势并存。一方面，大部分微博用户几乎完全不关心公共性议题，"公共事务冷漠群体"存在且占绝大多数，这在一定程度上回应了西方研究者对中国互联网空间"过度政治化"的判断。事实上，无论在美国还是欧洲，互联网都不能把那些本来对政治冷漠的人群动员起来，反而强化了政治参与中本来就存在的不平衡现象（转引自普特南，2011），这一点在一定程度上也适用于中国的互联网空间。另一方面，关注公共议题的三大类群体为"严肃政治关注群体、"公共安全关注群体"和"高参与度群体"，这三类群体的存在及其特征表明，微博空间更多是公共化空间而非娱乐化空间。这一"公共化"属性覆盖了较为广泛的公民参与范畴，除了直接影响政策、领导人选择或其他政治变迁的政治性参与活动，还包括与日常生活紧密相关的公共性卷入；后者包括关注与公共安全、个人安全密切相关的各类公共议题并展开讨论，获取公共生活所必需的知识，参与各种社会群体及其活动等。根据民主建设理论，多方面的公民参与活动构成了人们在实践中建设其公民能动性的必要内容，也成为他们以具备民主趋向的公民身份而参与政治生活的必要准备（Dahlgren，2009）。换句话说，在参与严肃政治之外也存在多种形式和层次的公民公共参与，它们共同构成了具有民主特性所必要的社会和文化基础。

本文进一步对四类在线社群的现实社会属性加以分析。如戚攻（2001）所言，在虚拟与现实空间之间，始终存在着社会成员从现实到虚拟，又从虚拟回到现实的"流动"。本文尝试勾连在线社群与现实社群的有机联系。数据结果显示，教育水平、年龄和微博使用活跃程度与在线社群的类别显著相关。接受过大学或以上教育者更加有可能属于公共安全关注者；80后、90后的微博用户关注严肃政治的可行性较低，而更加倾向于成为"公共事务冷漠群体"；微博使用活跃程度则与"严肃政治关注群体"和"公共安全关注群体"之间具有密切关系，活跃微博用户成为"严肃政治关注群体"的比例是成为"公共事务冷漠群体"比例的2.0倍。以上研究结果有助于我们更加深刻地理解在线社群的复杂性，也有助于拓展在线公民参与的研究思路。

需要指出的是，本文也存在一些研究局限。首先，受研究条件所限，本文仅考察了有限数量/类型的公共事件，今后研究可以考察更加多元化的公共事件，那样可能会使研究结果更加丰富完善；其次，本文只研究了公共事件的传播，对于不同类型公共事件的传播内容没有深入探究，未来基于不同在线社群的传播内容进行深度分析可能不仅有利于探索互联网与公共参与行为的关系，亦有利于深入剖析互联网空间公共理性的发展水平。

（作者：郑雯　黄荣贵）[①]

[①] 原文刊载于《新闻大学》2015年第3期。

第二节 微博空间与公共精神的培育

信息化时代，公共精神受到社会生活个体化的挑战。福山（Francis Fukuyama）指出："正当西方社会的经济从工业化时代向信息化时代过渡之时，却出现了西方社会中使人们团结在一起的那种社会联系和普遍价值观念变弱的负面社会趋势（福山，2002）。这种趋势的直接结果是社会生活个体化，社会价值观念体系里充斥着个人主义文化。

在微博平台上，社会公众个体获得了传播的权力，个人主义文化盛行的背景下，微博空间的传播主体和传播内容呈现出双重"碎片化"特征。正如李良荣所言，互联网赋予了公民传播权力，原先的权力与资本对公众的单向度传播格局，被权力、资本与公众三者博弈争夺传播主导权的局面彻底颠覆（李良荣，2012）。尤其是自媒体时代，具有"独立性"、"广泛性"和"多样性"的公众都可以在互联网上自由而平等地发表自己的意见和看法，转发和评论他人的意见和看法，都成了信息的生产者、传播者和消费者。一旦作为独立个体的公众拥有了信息传播的权力，传播主体的"碎片化"必将使传播内容呈现出"碎片化"形态。现实中，我国微博空间中的信息传播亦呈现出"全民参与式"和"动态碎片化"的明显迹象。

对微博空间的"碎片化"探讨一直是重要的研究议题，这一"碎片化"特征与公共精神的关系的研究尚无定论。本文的研究问题为：公共精神是否在"碎片化"的微博空间中式微？本文共分为四个部分，第一部分回顾微博空间的"碎片化"与公共精神的关系，两种相悖的研究视角并存；第二部分是研究方法，阐述了本文的数据来源和变量测量方法；第三部分对微博空间中公共性事件与娱乐性事件传播进行比较分析；第四部分是结论与讨论。

一、微博空间的"碎片化"与公共精神的关系：两种相悖的视角

现有关于微博空间的"碎片化"与公共精神的关系研究，两种主要的作用机制视角相悖并存。第一种视角，在微博空间的"碎片化"中私利化、娱

乐化遮蔽和覆盖了微博的公共性，导致了微博空间中公共精神式微。第二种视角，微博空间呈现出"碎片化"特征的同时，其"去中心化"和"话语自主"的特点缩短了人们参与社会公共事务的距离，也缩短了人们政治社会化的时间，有助于公共精神的生发与培育。

（一）视角一：微博空间在"碎片化"中公共精神式微

在社会生活个体化背景下，微博空间信息传播的"全民参与式"和"动态碎片化"中，个体私利化和娱乐化使得微博空间充斥着个人生活点滴、名人隐私及明星绯闻等个人、娱乐信息，这些信息的数量远超过了反映社会公共利益的理性网络表达。公共精神在私利、娱乐与感性信息的冲击下显现出式微的迹象。

1. 个体私利本能侵蚀了微博空间的公共精神

借助现代技术的便利，微博平台上作为主体的个人的传播自主权的释放，会导致微博空间个体主义文化突起。人们的私利本能在微博空间中显现与高扬，将不断地消解微博空间的公共精神。段永朝（2009）指出，碎片化的主体不再相信统一的或普遍的理性原则，人们在网络中注重的是个别的感性存在。

一定程度上，广泛增强富有个人私利的个体的自主性会对人们的公共精神产生侵蚀。微博平台作为一个公共空间，其内部生存着的是富有个人私利的个体，这些个体在微博空间中拥有并增强了传播信息的自主权力。当网络表达成为人们可选择的权利而不受任何权力方直接约束时，网络用户通过微博空间进行自我展示、发表各类解读框架之外，还传播了大量虚假信息和谣言、低俗言论、商业性私利言论和倾向性言论。相反，一些事件的理性解读却受到极化社会情绪的干扰，大量不受控的信息相互碰撞与快速传播。最后的结果是主体私利本能侵蚀了公共空间的公共精神，微博空间出现公共精神式微的局面。

2. 娱乐化信息遮掩和覆盖了微博空间的公共精神

娱乐化信息的生产、传播和消费，反映出人们在快节奏的生活中有寻求情绪宣泄和心理压力释放的需求。娱乐性、消遣性是这一信息能满足人们上述需求的根本特征。在微博空间中，许多娱乐化信息吸引微博用户的关注之后成为受众情绪宣泄的引线，甚至成为引起网络用户狂欢的娱乐事件。娱乐化信息的娱乐性和消遣性难以唤起网络用户的理性意识，却能使网络用户感染和夸大群体的情绪，引发"群体极化"。

微博空间是一个开放式的公共话语平台和公共交往空间，网络用户在这一虚拟公共领域中通过娱乐化信息寻求情绪的宣泄，容易引发群体忽视社会责任和公共道德的现象。人们纷纷远离反映社会公众利益的公共性事务，热衷于讨论名人隐私、炒作明星绯闻等，在网络公共空间中侵犯他人的私人空间。加上网络中的理性者习惯于保持沉默，这将使娱乐化信息更易于遮掩和覆盖微博空间里的公共精神。

（二）视角二：微博空间在"碎片化"中助长公共精神

微博空间中的"碎片化"缩短了人们参与社会公共事务的距离，也缩短了人们政治社会化的时间，有助于公共精神的生发与培育。具有独立性、广泛性和多样性的普通公众依靠微博获得传播话语权，任何知识背景和价值体系的人都可以使用媒介围绕公共事务自主交流、讨论、表达诉求和期望等，促进新的共识形成，甚至影响政府议程设置。

1. 个体自主意识提升了人们公共事务参与度

卡斯特认为，网络社会中人们的公共精神随着个体自主意识的唤醒而提升。网络社会的崛起唤醒了社会成员的自主、自立、自主选择的自我意识，人们已经不再仅仅被动地注意自己在社会生活中属于哪一个层面、处于何种位置，而是对社会的存在状况、资源配置和发展态势提出自己的评价与要求，这是一种主动的建构性认同（卡斯特，2006）。这一过程的前提是公共空间里个体话语自主权的增强带动了人们自主意识的增强。

微博使人们对社会公共事务的参与更加方便和灵活，也使人们更容易找到共同感兴趣的公共性话题，直接或间接地推动了人们聚合起来参与、评价和讨论具有公共利益性质的公共事务、社会事件等。微博在民意的收集、制度的推进、官民的沟通和公共事件的进程中扮演着越来越重要的角色。2014年7月3日,北京地铁调价网上征集社会意见的消息发布4个小时后,有近30万网络用户参与了发改委官网就此事发起的投票调查,征集意见的页面一度因访问量太大无法打开①。

2. 公共性议题的个体传播促进了公共精神的生长

微博作为一种媒介不仅仅是将城市、国家、全球连接在了一起,而且促进公共领域的发育。微博空间的"话语自主"促进了网络用户对公共性议题的个体传播,具有多样化知识背景和价值体系的用户就社会公共议题展开自由、平等的意见表达和交流讨论,形成公共意志和公共舆论,维护公共利益。这一过程促进了微博空间中公共精神的生长。

公共性议题的个体传播唤起了社会公众对一些社会问题的关注,提升了人们的社会责任感和公共精神。尽管一些社会问题只关乎少数人群,也能在个体传播下吸引公众关注、打破之前的群体性沉默,提升公众整体的社会责任和公共精神。"冰桶挑战"意在为公众知晓"渐冻症"的同时对患者提供捐赠和帮助,微软的比尔·盖茨、Facebook的扎克伯格、亚马逊的贝索斯、苹果的库克等纷纷通过社交媒体发布接受挑战的视频,2014年8月18日"冰桶挑战"传入中国后仅一周时间便盘踞微博热门话题榜,话题阅读数超过30亿。这一网络行动让"渐冻症"这一罕见病症的患者群体得到了更广泛公众的了解和援助。

可见,微博空间的"碎片化"对其公共精神的影响有两条相悖的作用机制,对这两条作用机制的充分检验需要从微观、中观和宏观等多层次协同分析的角度展开。由于研究条件和研究能力的限制,本文无法直接检验出上述两条作用机制的作用力及效果,但是可以通过尝试比较分析公共性和非公共性事件在微博中的传播状况,进而找出几点反映微博空间公共精神状况是否式微的线索。

---

① 南方都市报:"北京就地铁调价征集社会意见",引自"搜狐财经"(http://business.sohu.com/20140704/n401767196.shtml),2014年7月4日。

二、研究方法

为了研究微博空间里的公共精神状况，本文将通过对比分析公共性事件和娱乐性事件在微博中的传播状况，尝试着找出几点反映微博空间公共精神状况是否式微的线索，启发未来的研究方向。

（一）数据

本文采用的数据来自于复旦大学传播与国家治理研究中心完成的"中国网络社会心态调查（2014）"的抽样调查数据。微博空间的信息传播具有"碎片化"特点，大量的信息处于缺少关注状态，一般能够吸引广大用户共同关注的只有公共性事件和娱乐性事件。本文选取了公共性事件和娱乐性事件两类进行比较分析。

政治事件和公共事件的公共性程度较高，共同构成本文的公共性事件，反之娱乐性事件的公共性程度较低、娱乐化程度较高。选用的公共性事件包括"2014年两会"、"昆明暴恐袭击"，娱乐性事件表述为"娱乐事件"（文章出轨事件）。本文分别从三个方面测量了这两种事件的网络传播状况，一是关注度，二是转发路径与内容形式，三是信息深度。

1. 测量微博空间中个人对三个事件的关注度，有两个指标：（1）是否提及"2014年两会"/"昆明暴恐袭击"/"文章出轨"，选项为原创微博、只转发不评论、转发并评论、无提及；（2）对"2014年两会"/"昆明暴恐袭击"/"文章出轨"的关注度，选项为频繁关注（两周内提及、转发或评论等5次及以上）、有时提及（两周内提及、转发或评论等5次以下）、不关注。

2. 测量微博空间中个人对三个事件的转发路径与内容形式的指标，有两个：（1）转发微博内容的路径，选项为意见领袖（大V）、媒体公共用户、同群体[①]其他微博用户原创、不同群体其他微博用户、其他；（2）转发的内容

[①] "同群体"指体制内人员、知识分子及专业技术人员、商界精英、社会底层群体四类群体中属于同一类型的人员。具体为知识分子及专业技术人员包括大学教授、律师、医生、记者、IT工程师等，商界精英包括私营企业主、企业CEO等，体制内人员包括公务员、军人等，社会底层群体包括农民工、普通工人等。

形式，选项为文字、图片、视频等多媒体。

3. 测量微博空间中个人对三个事件的信息深度，选项为深入（给出价值判断）、一般围观。

三、微博空间中公共性事件与娱乐性事件传播的比较分析

本文试图比较分析公共性事件和娱乐性事件在微博中的传播状况，考察娱乐化信息是否遮掩和覆盖了微博空间中的公共性信息，以及公共性事件传播中是否表现出公共精神的不足。基于关注度、转发和深入思考程度等对公共性事件与娱乐性事件的传播状况进行比较分析，虽然不能涵盖衡量公共精神是否式微的全部方式，但却是衡量微博空间中公共精神是否式微的重要方式。

（一）微博信息的关注度：公共性事件高于娱乐性事件

关于微博用户关注公共性事件与娱乐性事件的程度，数据分析结果显示，微博用户对公共性事件的关注度高于娱乐性事件。图6-2显示，在可明确判断的样本中，属于公共性事件的"2014年两会"和"昆明暴恐袭击"的提及率分别为11.9%和18.4%，而娱乐性事件的"文章出轨"的提及率仅为9.1%，低于两个公共性事件的提及率。

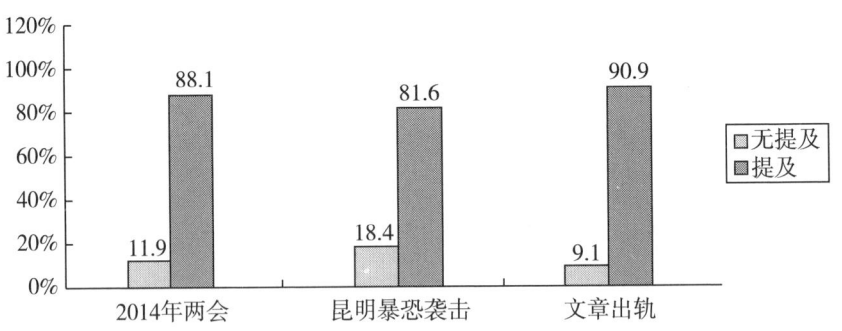

图 6-2 微博用户"是否提及"公共性事件和娱乐性事件

微博用户对公共性事件和娱乐性事件的具体关注层面，见表6-4。在可明确判断的样本中，对于属于公共性事件的"2014年两会"和"昆明暴恐袭

击",分别有 6.5% 和 9.6% 的用户"频繁关注",分别有 27.9% 和 37.5% 的用户"有时提及";对于属于娱乐性事件的"文章出轨",仅 3.7% 的用户"频繁关注"和 24.4% 的用户"有时提及"。公共性事件的"频繁关注"和"有时提及"比例均高于娱乐性事件。

表 6-4 微博用户对公共性事件和娱乐性事件的关注度

关注度	公共性事件		娱乐性事件
	2014 年两会	昆明暴恐袭击	文章出轨
频繁关注	6.5 (38)	9.6 (66)	3.7 (21)
有时提及	27.9 (163)	37.5 (259)	24.4 (139)
不关注	65.6 (383)	52.9 (365)	71.9 (410)
总计	100.0 (584)	100.0 (690)	100.0 (570)

注：带小数点的数字表示百分数，括号内数字表示频数。

（二）微博信息的转发：公共性事件更多"中心化"的公共理性，娱乐性事件更多"碎片化"的消遣和娱乐

微博用户对公共性事件的转发存在更多"中心化"的公共理性。如图 6-3 所示，在可明确判断的样本中，属于公共性事件的"2014 年两会"和"昆明暴恐袭击"转发自"媒体公共用户"的比例（分别为 24.71% 和 34.77%）远高于转发自"意见领袖（大 V）"（分别为 10.27% 和 8.99%）、"同群体其他微博用户原创"（分别为 6.08% 和 2.28%）、"不同群体其他微博用户原创"（分别为 8.37% 和 10.74%）的比例。从转发路径来看，微博用户更关注和信赖公共理性较高的"媒体公共用户"所发布的公共性事件信息。

微博用户对娱乐性事件的转发更趋向于"碎片化"的消遣和娱乐。如图 6-3 所示，在可明确判断的样本中，属于娱乐性事件的"文章出轨"转发自"不同群体其他微博用户原创"（13.09%）的比例略高于转发自"媒体公共用

户"(9.82%)、"意见领袖(大V)"(9.00%)、"同群体其他微博用户原创"(4.09%)的比例。比较而言,娱乐性事件转发自"媒体公共用户"的比例远低于公共性事件。

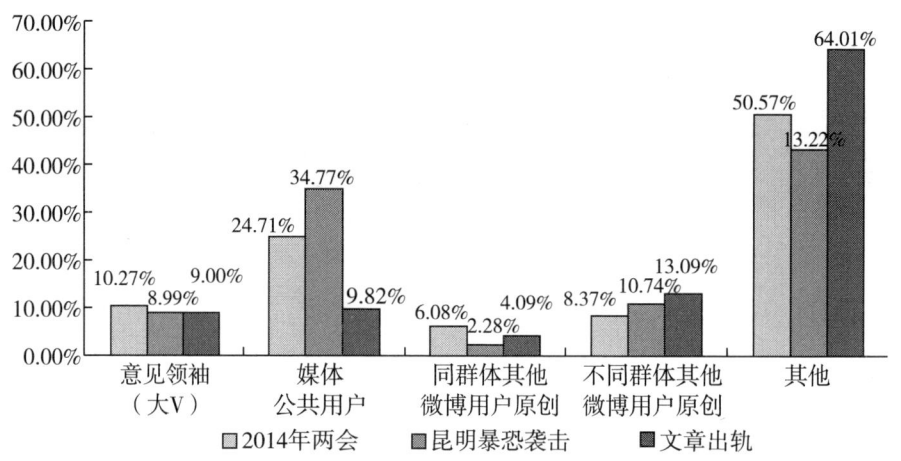

图6-3 微博用户转发公共性事件和娱乐性事件的路径

在事件转发的内容形式上(见表6-5),微博用户传播公共性事件时更倾向于转发含有图片、视频等多媒体形式的内容,"2014年两会"占34.2%,"昆明暴恐袭击"占32.6%。传播娱乐性事件("文章出轨")时含有图片、视频等多媒体内容形式的比例均不及上述事件的一半,仅为16.1%。

表6-5 微博用户转发公共性事件和娱乐性事件的内容形式

转发内容形式	公共性事件		娱乐性事件
	2014年两会	昆明暴恐袭击	文章出轨
文字	67.4 (209)	65.8 (288)	83.9 (240)
图片、视频等多媒体	32.6 (101)	34.2 (150)	16.1 (46)
总计	100.0 (310)	100.0 (438)	100.0 (286)

注:带小数点的数字表示百分数,括号内数字表示频数。

这说明微博用户传播公共事件和政治事件时，更希望通过图片、视频等多媒体形式的内容来表现"真实性"、"现场感"，"有图有真相"是网络用户确定公共突发事件的信息真实性的依据。"有图有真相"成为微博用户"理性质疑"公共性事件信息真实性的一种表现，这一现象在娱乐性事件的传播中较不明显。此外，娱乐化的"眼球效应"作为微博用户关注娱乐性事件的动力机制的作用已不明显。

（三）微博信息的深度：公共性事件深度分析的比例高于娱乐性事件

在微博传播事件的信息深度上，公共性事件的传播较娱乐性事件更多深入的价值判断。如表 6-6 所示，"2014 年两会"（17.1%）和"昆明暴恐袭击"（22.9%）两个事件的深入价值判断比重均高于"文章出轨"（14.5%）。微博用户更多地参与到公共性事件的生产性过程中，通过微博表达和分享自己对事件的解读、分析和诠释，表达和分享自己对事件的观点、态度、情感和想法，而对娱乐性事件更多的是"一般围观，调侃"。

表 6-6 微博用户关于公共性事件和娱乐性事件的信息深度

信息深度	公共性事件		娱乐性事件
	2014 年两会	昆明暴恐袭击	文章出轨
深入 （给出价值判断）	17.1 （55）	22.9 （105）	14.5 （44）
一般围观，调侃	82.9 （267）	77.1 （353）	85.5 （259）
总计	100.0 （322）	100.0 （458）	100.0 （303）

注：带小数点的数字表示百分数，括号内数字表示频数。

综上所述，在关注度、转发理性和深入思考程度上，公共性事件均较娱乐性事件高。并且微博空间在传播公共性事件信息时，体现出更高"中心化"的公共理性。可以初步判断，娱乐性事件信息在数量、受关注程度、吸引力等方面没有遮掩和覆盖公共性事件的传播。

四、结论与讨论

信息时代传统的维持社会整合的秩序基础被打破，社会生活趋向个体化，个人主义文化盛行。在个人主义文化背景下，微博平台上具有私利本能的个体获得了信息传播的权力，微博空间的信息传播呈现主体和内容的双重"碎片化"特征，这是否意味着微博空间中公共精神会在"碎片化"和"娱乐化"中式微？本文使用"中国网络社会心态调查（2014）"的调查数据，对比分析了公共性事件和娱乐性事件在微博中的传播状况。

分析结果显示：（1）公共性事件的微博信息传播关注度高于娱乐性事件，公共性事件的"提及率"、"频繁关注"比例均高于娱乐性事件；（2）公共性事件的微博信息转发路径更多"中心化"的公共理性，娱乐性事件更多"碎片化"的消遣和娱乐，内容形式上"有图有真相"成为微博用户"理性质疑"公共性事件信息真实性的一种表现，娱乐化的"眼球效应"作为微博用户关注娱乐性事件的动力机制的作用已不明显；（3）公共性事件深度分析的比例高于娱乐性事件，微博用户更多地参与到公共性事件的生产性过程中，对娱乐性事件更多的是"一般围观、调侃"。

总体而言，微博空间在碎片化中并没有表现出公共精神式微的迹象。相反，本文通过公共性事件和娱乐性事件的微博传播比较分析，发现了一些有助于公共精神生长和发育的线索，以及娱乐性事件传播中表现出的式微迹象。第一，微博用户在"碎片化"的信息中对公共性事件的关注度较娱乐性事件高，且主要传播相对理性的"媒体公共用户"所提供的信息，有"中心化"的公共理性取向，有助于将个体自主意识导向公共理性和公共关怀。第二，微博用户对公共性议题的传播更多地投入"理性质疑"和"深度生产"，有助于把多样化知识背景和价值体系的用户的深度思考吸纳到公共意志和公共舆论中。第三，微博用户对娱乐性事件的传播停留在"碎片化"的消遣和娱乐上，且仅限于围观和调侃的浅层，纵使娱乐事件可能会引发"娱乐狂欢"的场面，也皆转瞬即逝。

李普曼认为,传播就是把分散的人捆绑在一起的力量,无论好坏吉凶,传播具有造就或摧毁政治秩序的力量(李普曼,2003)。微博空间的信息传播不仅仅是人们娱乐的工具,明星的呓语和段子并没有淹没网络用户对公共性事件传播的热情。微博空间为有共同偏好的人们提供了聚合的便利,也为公共性议题的转发或评论提供了便利。而且公共性议题也对用户具有较强的聚合能力,所以微博空间中公共性议题的传播值得重视。总而言之,在微博空间里公共性事件的传播往往能积聚各方的关注与力量,可见微博空间在碎片化中公共精神并没有式微。

(作者:余慧　杨媛)[1]

---

[1]　原文刊载于《新闻记者》2014年第12期。

第七章 风 险

第一节 风险感知群体与网络抗议行为

一、网络抗议行为：传统解释与互联网世界

互联网对集体行动产生了深远影响（Garrett，2006）。近年来对集体行动的研究聚焦在网络抗议行为，主要关注两类：一类是在网络空间发生的集群抗议行为；另一类是现实中发生的集体抗争，但借助互联网得到迅速发展。已有研究关心的问题是网络抗议行为何以发生？哪些因素会影响网络抗议的表现？概括起来，主要有以下几种观点：首先，情感和情绪因素是网络抗议行为发生的重要条件，它能促进有效动员，推动网络抗议中的身份建构与认同感塑造（杨国斌，2009；谢金林，2012；Stieglitz & Lihn，2013）。其次，虚拟网络结构会影响网络抗议行为，线上社会关系网络是影响抗议行为的重要因素，圈子聚合是网络抗议行为得以扩散的载体（黄荣贵、桂勇，2009；蔡前，2009；孙玮、宗刚，2012；邵培仁、王昀，2014）。再次，运动积极分子的存在为网络抗议的发生和发展提供了契机，这种弱组织的链接更有利于规避风险（曾繁旭、黄广生、刘黎明，2013）。还有一些研究指出，框架化也是网络抗议行动成功与否的重要因素（Pu & Scanlan，2012；周裕琼、齐发鹏，2014；Gleiss，2015）。

总体来看，多数研究者从传统的集体行动动员结构、政治机会、框架建构理论出发寻找解释变量，呈现网络抗议行为的不同面向和因果逻辑。这些研究为我们理解网络抗议行为提供了有益的洞见，但在提升网络抗议行为的

研究方面仍有明显的缺憾。首先，现有研究忽视了网络抗议行为与现实抗议行为的差异。网络抗议最重要的特征是互联网要素，互联网具有无边界、交互性、即时性的特点，它不仅仅是信息传递平台的更新和传递方式的变化，更深远的影响是它使当前社会形态表现为"网络化个体主义"（Networked Individualism）（Lee & Wellman, 2012），人们通过松散的、碎片化的网络连接接触和寻找适合自己的各类信息。这样一来，网络抗议行为与现实抗议行为就具有明显不同的特质，而现有研究仍然使用现实抗议行为的解释变量来解释网络抗议行为。事实上，已经有研究指出，传统理论所标示的经典变量在网络抗议行为的解释上没有显著影响（Lin, et al., 2014），而且网络抗议中也不像人们猜想的那样有明确的积极分子（廖卫民、何明，2013）。

其次，已有研究在解释网络抗议行为时多选取客观变量而忽视对主观变量的考察，多关注特定事件的研究而忽视对一般网络抗议行为的分析。在互联网世界，无论事件或问题是否跟自己相关，个体很容易从主观上被遍布在各个角落与层面的观点所影响，会遵从强大的舆论和群体意见，进而加入网络抗议行动（赵宬斐，2013），因此网络抗议行为中主观变量的影响不能忽略。此外，普通的、日常的在线讨论本身也是一种集体行动（Tai, 2006），这种"日常"的状态也会表现为网络抗议行为，如网络上流淌的网络暴力、对政府的批评等，对这类一般性网络抗议行为的研究具有重要意义，它可以为预测和预防提供更丰富的导向性信息。

总之，互联网世界的存在使抗议行为的产生具有新的逻辑，受新的因素和变量的影响。在网络世界，人们因社会转型、原有机会丧失而现实又充满不确定性所产生的心理落差与不安全感会比现实世界中表现得更加强烈，不公平感与不安全感已成为当今网络用户中相对广泛的负面社会情绪（李良荣等，2014）。因此，这种因互联网对人类认知和社会心理的深刻改变及由此在行为上的投射作用，需要引起足够的重视和充分的研究。

人们对某类或某些现象的未来不确定性的认知，尤其是反映人们所认为的这种现象可能对他带来损益的可能性的主观感受，是一种对风险的认知。

本文尝试把风险感知纳入对网络抗议行为的研究，分析一般意义上的主观感受变量如何影响网络抗议行为。本文围绕三个主要问题展开：风险感知群体有哪些类别？不同的风险感知群体对网络抗议行为有什么影响？在网络场域中，与年龄、职业等传统解释变量相比，风险感知对网络抗议行为的解释力如何？在结构安排上，文章第二部分阐述风险感知对网络抗议的影响机制，第三和第四部分介绍数据采集方法并对新引入变量的解释力进行检验，第五部分基于前述数据分析进行简要总结。

二、风险感知：一个新的解释视角

无论学术界还是公众，对风险都没有统一的认识。即便众说纷纭，仍有一个共同点：风险指的是事实与可能性之间的一种对比，这种对比或以事实为参照，或以心理感受为准绳，总之它意味着给人的存在和发展带来挑战或威胁的各种不确定性及不可预知性（Rohrmann & Renn，2000）。风险为我们揭示了一种社会状态，它虽有客观事实的一面，但更多体现在主观感知层面。正因为人们当前的行动在很大程度上受制于那些不是现实存在的、将来有可能或想象的风险，所以风险感知是重要的研究对象。相对于物理后果而言，风险的社会—心理后果对于人们的行为具有更重要的指向作用。在互联网世界，风险感知的心理后果对抗议行为的影响更加明显，这是因为，风险感知是一个公众学习、解读风险信息的过程。人们从已经存在的知识和认知中感受风险，同时又通过互动和传递产生新的风险认知。互联网恰是风险感知传递与生产并影响抗议行为的重要桥梁和通道。

互联网上风险感知影响抗议行为的机制主要表现在三方面（见图7-1）：首先，互联网使风险感知扩大。信息交互过程中，在互联网每一个节点上的个体都是信息过程的建构者，而这一点对于风险感知的形成、泛化与扩散起到非常重要的作用。现实世界中原本个体性的、局部的风险认知可以通过互联网变成群体性的、整体的风险感受。互联网的即时交互性给人们提供较快较早地发现风险、感知风险的可能性（张燕，2014）。而且，互联网开放式的信息交互，促进了介于政治和非政治之间的"亚政治"领域的形成（肖瑛，2012），这种亚政治领域对于网络行为有重要的潜在影响力。

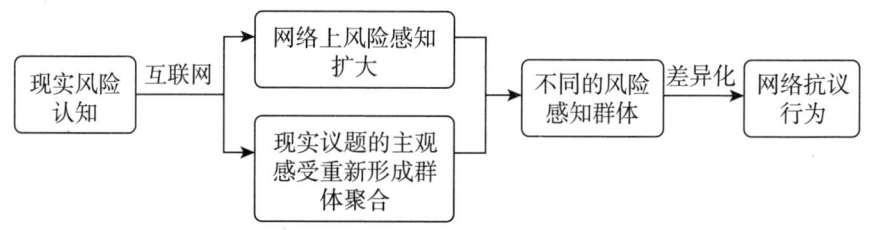

图 7-1　风险感知影响网络抗议行为的机制

其次，互联网不是外在于人们的媒介，而是把网络用户吸纳进去的空间。网络空间是一个由共识或共同兴趣塑造的行为场域（黄少华、武玉鹏，2007：32-40），人们不仅在网络空间吸收互换信息，还在网络空间产生行为互动和影响，特别是隐含情绪性的信息更容易引发抗议行为。因此，网络用户通过网络沟通及其接受的风险信息形成新的风险感知和判断，在实践知识、网络互动交流中产生不确定性或安全感丧失的共鸣，进而可能会在互联网上触发一般化的、没有特别指向目标的抗议行为。

最后，互联网世界会形成不同的风险感知群体，而且他们在网络抗议行动、对象和方式上会有差别。这是因为，风险面前人人平等，现代风险会跨越传统的群体，富裕有权势的人和贫穷的人对风险的评估可能具有一致性（Slovic，2000），不同阶层的人可能有着相同的风险感知。这种对互联网重构群体的判断得到现有研究的支持，互联网所产生的"基于分享后被承认的认同感超越了传统组织中基于地位、阶层或者职业等因素产生的认同"（谢颖，2015）。因此，阶层和社会结构位置决定不了网络用户对风险的感知及其差异性，反而是网络用户对不同现实议题的主观感知重构了群体类别，而且，这种重构后的群体类别对网络抗议行为的影响会更加明显。

就风险感知测量而言，现有研究多采用传统的问卷调查，通过询问的方式测量风险感知。众所周知，被调查者会因种种原因而隐瞒或者夸大自己的真实态度或想法。相比之下，利用网络数据来分析人们潜在的甚至连自己都未意识到的意向及其行为的关联具有显著的方法优势，网络痕迹使得数据追踪成为可能，而且这种数据符合了自然状态下的信息采集。本研究就是通过抓取网络数据来测量被观察者的风险感知状态。并且，在数据采集上本文不依赖网络意见领袖，而是涵盖普通的网络用户，因为，意见领袖毕竟不等同于占网络用户多数的普通网络用户，依赖他们的数据对网络抗议行为进行解释会出现偏差。

在具体的操作方面，刘岩（2011）等人从满意度角度测量风险感知，对本文采集数据有一定的启发，但本文的测量又有创新之处：传统上对不满的测量是由具体事物／事件引起的心理反应，而本研究所观测到的不满是另一种情绪，它不是因具体事件引起的，而是因长期认识的一种情景所引起的不确定和不安全感所导致的一种心理映射。这就是本文采取的风险感知概念的操作化。本文的研究在风险文化心态的范畴中来考虑风险感知，以及对其行为反应的分析，在此意义上，风险感知概念更能对一般性网络抗议行为做出理论解说。下文将详细陈述数据的来源以及研究发现。

三、数据来源、研究方法与变量测量

（一）数据来源

本节的数据来自复旦大学传播与国家治理研究中心的"中国网络社会心态调查（2014）"，该调查以现实职业分类为标准进行抽样设计，采用分层抽样结合简单随机抽样的方式进行抽样，样本覆盖了1800名多元职业、多元社会群体的网络用户。样本用户具体可分为四大类社会群体，包括知识分子及专业技术人员（如大学教授、律师、医生、记者、IT工程师等）、商界精英（如私营企业主、职业经理人等）、体制内人员（如公务员、军人等）和社会底层群体（如农民工、普通工人等）。数据收集工作历时8个月，项目组通过对样本用户在2012—2014年间发布的所有新浪微博文章进行人工分析和编

码,获得以微博用户个人为分析单位,关于社会议题、社会情绪、群体认同、网络行动与社会思潮等方面内容的数据库。

(二)研究方法

基于网络用户对不同社会议题所呈现出的态度,本文采用潜类分析的方法对风险感知群体进行类型化,即分析网络上存在哪些潜在的不同类型的风险感知群体。潜类分析是建立在潜类概率和条件概率之间关联性的多变量分析技术,能有效地探讨类别型观测变量背后的潜在类别(邱皓政,2008)。所以,潜类分析是针对类型变量进行分析的统计技术,分析的目的在于将研究对象分类。

在将风险感知群体进行分类之后,本文还将通过 logistic 回归分析的方法进一步考察风险感知群体类型与网络抗议行为相关变量之间的关系,从而检验风险感知群体类型对于解释网络抗议行为的有效性。

(三)变量测量

1. 潜类分析变量

本文以网络用户对于不同社会议题所表达的不满意态度作为测量指标,具体包括对反腐、收入分配、就业、医疗、教育、养老、环保、食品安全 8 个议题现状的不满意态度。测量指标所反映的并不是个体对于自身直接利益受损的态度,而是对此类社会议题所发表的意见和看法,更多的是对自身利益是否会受损的预期,也就是风险感知。我们对这 8 个议题的态度变量分别进行重新编码,"不满意"编码为 1,其他选项编码为 2。8 个外显变量的描述统计见表 7-1。

表 7-1 潜类分析外显变量描述统计

变量	取值	百分比(频数)
反腐	不满意	15.17%(273)
收入分配	不满意	16.11%(290)

续表

变量	取值	百分比（频数）
就业	不满意	16.89%（304）
医疗	不满意	11.00%（198）
教育	不满意	7.94%（143）
养老	不满意	7.94%（143）
环保	不满意	7.06%（127）
食品安全	不满意	5.00%（90）

2. 网络抗议行为变量

本文将网络抗议行为操作化为抗议行动、抗议对象和抗议形式三个变量，具体对应的指标是"是否曾使用微博进行抗议"、"抗议的对象是否为政府"和"是否使用过网络暴力"。抗议行动的选项中，有过抗议行为的编码为1，其他编码为0；抗议对象的选项中政府编码为1，其他编码为0；"是否使用过网络暴力"的选项中，有过人肉搜索、谩骂、人身攻击、人身威胁等行为的编码为1，其他编码为0。这三个指标的描述统计见表7-2。

表7-2 网络抗议行为变量描述统计

变量	取值	有效百分比（频数）
是否曾使用微博进行抗议	是	18.29%（271）
	否	81.71%（1211）
抗议的对象是否为政府	是	9.65%（122）
	否	90.35%（1142）
是否使用过网络暴力	是	4.24%（63）
	否	95.76%（1423）

四、风险感知群体的类型化及对抗议行为解释的有效性

（一）风险感知群体的类型化

对反腐、收入分配、就业、医疗、教育、养老、环保、食品安全 8 个议题现状的不满意态度指标进行潜类分析，潜类数量从 1 到 7 的模型适配指标见表 7-3。我们对 7 个模型进行比较，从中选择合适的模型。由表 7-3 可见，潜类数量越多，模型的似然比卡方统计量越小，卡方值也越小。从基准模型到 4 个潜类模型，BIC 都逐渐变小，5 个潜类模型的 BIC 又逐渐增大，4 个潜类模型的 BIC 最小（7021.566）；就 AIC 而言，5 个潜类模型的 AIC 最小。结合各模型的理论含义，我们选择潜类数量为 4 的模型作为最优模型。

表 7-3 不同潜类模型的适配指标

模型	BIC	AIC	X2	G2	npar
1-cluster	9694.076	9650.111	32516906	3041.813	8
2-cluster	7508.598	7415.174	1902.567	788.876	17
3-cluster	7180.056	7037.172	743.685	392.874	26
4-cluster	7021.566	6829.222	175.513	166.924	35
5-cluster	7043.722	6801.918	118.849	121.620	44
6-cluster	7098.865	6807.601	112.431	109.303	53
7-cluster	7151.481	6810.757	92.731	94.459	62

4 个潜类模型的条件概率和潜类概率见表 7-4。第一个子群体对"反腐"、"收入分配"和"就业"三个议题不满意的条件概率较高，可命名为"公平性风险感知群体"，它体现的是对资源占有和分配是否公平的风险感知，这种风险感知是眼前的、近期的、切实可以感受到的；第二个子群体对"教育"和"养老"两个议题不满意的条件概率较高，可命名为"保障性风险感知群体"，它体现的是某种制度是否有保障或运行是否顺畅的不确定性所引起的风

险感知，是一种相对长远的预期风险的感知；第三个子群体对8个议题不满意的条件概率均很高，可命名为"整体性风险感知群体"，即对各议题可能带来的社会风险的感知度均较高；第四个子群体对8个议题不满意的条件概率均很低，可命名为"风险感知休眠群体"，即对各类社会议题可能带来的风险感知度均很低。在四类群体中，"风险感知休眠群体"的占比最大，占总体的81.43%；其次是"公平性风险感知群体"，占比为10.62%；"整体性风险感知群体"占比为4.33%，"保障性风险感知群体"占比为3.62%。

表7-4 8个议题不满意态度的条件概率和潜类概率

议题	公平性风险感知群体	保障性风险感知群体	整体性风险感知群体	风险感知休眠群体
反腐	0.5582	0.3135	0.8295	0.0554
收入分配	0.6110	0.1483	0.8393	0.0670
就业	0.6288	0.3931	0.9298	0.0585
医疗	0.4795	0.1422	0.8701	0.0200
教育	0.0000	1.0000	1.0000	0.0000
养老	0.0000	1.0000	1.0000	0.0000
环保	0.2967	0.0202	0.7410	0.0077
食品安全	0.1914	0.0231	0.5459	0.0064
潜类概率	0.1062	0.0362	0.0433	0.8143

以上潜类分析结果表明，网络用户群体可以区分出不同类型的风险感知子群体。并且，在四类潜类子群体中，风险感知休眠群体占81.43%，也就是大多数的网络用户没有在网络上表现出明显的风险感知；其次，公平性风险感知群体在风险感知类群体中比例相对较高，占10.62%，这表明不公平感是网络用户风险感知的一个重要影响因素；再次，整体性风险感知群体的占比（4.33%）相对较小，但这部分群体却是最值得注意的一部分群体，他们对于社会各方面的议题都表现出不满意的情绪，风险感知的强度最高。

(二)风险感知群体类型与网络抗议行为

如上所述,本文将样本总体划分为四类风险感知群体,接着我们将考察不同风险感知群体对网络抗议行为解释的有效性。因变量包括"是否曾使用微博进行抗议"、"抗议的对象是否为政府"和"是否使用过网络暴力",均为0—1两分变量,所以我们采用二项 logistic 回归分析的方法进行分析。

核心解释变量是风险感知群体类型,以"风险感知休眠群体"为参照组,包括"公平性风险感知群体"、"保障性风险感知群体"和"整体性风险感知群体"三个虚拟变量。控制变量包括性别、年龄、职业群体类型、微博活跃度、微博关注数和粉丝数。其中,男性编码为1,女性为0;年龄以"60后及以前"为参照组,包括"90后"、"80后"、"70后"三个虚拟变量;职业群体类型以"体制内人员"为参照组,包括"商界精英"、"知识分子及专业技术人员"和"社会底层群体"三个虚拟变量;微博活跃度是以编码日发微博数除以开博月份,并取对数得出;微博关注数和粉丝数均取对数。

统计分析结果表明(见表7-5),在"是否有微博抗议行为"的模型(模型1)中,公平性风险感知群体和保障性风险感知群体的系数均显著为正。具体来说,与风险感知休眠群体相比,公平性风险感知群体参与网络抗议的发生比显著高出82.5%[exp(0.602)−1],保障性风险感知群体参与网络抗议的发生比显著高出2.073倍[exp(1.123)−1]。这说明,相比于风险感知休眠群体,公平性风险感知群体和保障性风险感知群体参与网络抗议行动的可能性更大。而整体性风险感知群体的系数边缘显著,也就是说,整体性风险感知群体在使用网络进行抗议方面,与风险感知休眠群体之间没有显著区别。但整体性风险感知群体的系数为正,表明这一群体使用网络进行抗议的可能性倾向高于风险感知休眠群体。

此外,就年龄而言,80后的系数显著为负,说明80后参与网络抗议行动的可能性比60后及以前低,而90后、70后的系数均不显著。在职业群体中,商界精英的系数显著为负,社会底层群体的系数显著为正。具体来说,商界精英参与微博抗议行动的发生比比体制内人员低49.7%,社会底层群体参与网络抗议行动的发生比比体制内人员高82.2%。微博活跃度的系数显著为正,即微博活跃度越高,使用微博进行抗议的可能性越高。

在"是否以政府为抗议对象"的模型(模型2)中,与风险感知休眠群体相比,保障性风险感知群体以政府为抗议对象的发生比高出2.850倍[exp(1.348)-1],整体性风险感知群体以政府为抗议对象的发生比高出1.449倍[exp(0.896)-1]。也就是说,相比于风险感知休眠群体,保障性风险感知群体和整体性风险感知群体以政府为抗议对象的可能性高很多。这表明,这两类群体将感知到的风险归咎于政府的可能性更高。值得注意的是,公平性风险感知群体的系数边缘显著,即公平性风险感知群体以政府为抗议对象的可能性与风险感知休眠群体没有显著差异,这表明由不公平感带来的风险感知群体并没有将不满情绪完全归咎于政府。

此外,男性以政府为抗议对象的可能性显著高于女性。80后和90后的系数显著为负,也就是说,与60后及以前相比,80后和90后以政府为抗议对象的可能性都更低。在职业群体类型中,只有社会底层群体的系数显著,具体来说,社会底层群体以政府为抗议对象的发生比是体制内人员的2.511倍。微博活跃度的系数显著为正,即微博活跃度越高,以政府为抗议对象的可能性越高。

在"是否使用过网络暴力"的模型(模型3)中,公平性风险感知群体和整体性风险感知群体的系数显著为正。具体来说,公平性风险感知群体使用网络暴力的发生比是风险感知休眠群体的4.542倍[exp(1.513)-1],整体性风险感知群体使用网络暴力的发生比是风险感知休眠群体的8.953倍[exp(2.192)-1]。而保障性风险感知群体使用网络暴力的可能性与风险感知休眠群体没有显著差异。也就是说,风险感知来源于保障性风险的群体使用网络暴力的可能性不显著高于风险感知休眠群体。此外,在控制变量中,只有80后这一变量显著。

从回归分析结果来看,风险感知群体类别对网络抗议行动、抗议对象是否为政府和是否使用过网络暴力形式的解释力独立于年龄和职业群体这些传统的解释视角,并且解释力相对较高。

表 7-5　抗议行动、抗议对象和是否曾使用网络暴力的 logistic 回归分析

	模型 1：是否有微博抗议行为	模型 2：是否以政府为抗议对象	模型 3：是否使用过网络暴力
	系数（标准误）	系数（标准误）	系数（标准误）
控制变量			
男（女=0）	0.281（0.186）	0.839**（0.324）	-0.179（0.353）
年龄（以60后及以前为参照组）			
90后	-0.556（0.333）	-1.187*（0.559）	0.598（0.743）
80后	-0.447*（0.189）	-0.834***（0.256）	1.027*（0.465）
70后	0.184（0.204）	-0.207（0.270）	0.724（0.507）
职业群体类型（以体制内人员为参照组）			
商界精英	-0.688*（0.283）	-0.435（0.437）	0.449（0.528）
知识分子及专业技术人员	0.052（0.187）	0.412（0.287）	0.116（0.407）
社会底层群体	0.600**（0.220）	0.921**（0.321）	0.747（0.415）
微博活跃度（取对数）	0.320***（0.076）	0.302**（0.105）	0.185（0.147）
微博关注数（取对数）	0.106（0.083）	0.270*（0.124）	0.125（0.174）
微博粉丝数（取对数）	0.088（0.054）	-0.076（0.082）	-0.121（0.116）
解释变量			
群体类型（以风险感知休眠群体为参照组）			
公平性风险感知群体	0.602**（0.193）	0.512+（0.263）	1.513***（0.330）
保障性风险感知群体	1.123***（0.316）	1.348***（0.375）	0.427（0.755）
整体性风险感知群体	0.497+（0.295）	0.896**（0.346）	2.192***（0.394）
-2Log likelihood	1282.680	698.869	452.739
Likelihood ratio	127.307	103.430	68.801
BIC	-9435.405	-8228.677	-10298.519
N	1482	1264	1486

注：+ 表示 $P<0.1$，* 表示 $P<0.05$，** 表示 $P<0.01$，*** 表示 $P<0.001$。

五、结论

网络抗议行为因互联网要素而具有明显不同的特质，本文在评析现有研究的基础上，把风险感知概念引入对网络抗议行为的解释，具体考察了风险感知群体对网络抗议行动、对象和方式的影响表现。归纳起来主要有以下几点发现：（1）基于网络用户对现实议题的不满意态度，可以将其划分为四类群体，即"公平性风险感知群体"、"保障性风险感知群体"、"整体性风险感知群体"和"风险感知休眠群体"。其中，"风险感知休眠群体"是主要群体，占总体的80%左右；在风险感知群体中，"公平性风险感知群体"的比重最高（10.62%），"保障性风险感知群体"、"整体性风险感知群体"的比重略低。（2）在网络抗议行动方面，保障性风险感知群体进行网络抗议的可能性最高，其次是公平性风险感知群体。（3）在网络抗议的对象方面，保障性风险感知群体以政府为抗议对象的可能性最高，其次是整体性风险感知群体。（4）在网络抗议的形式方面，整体性风险感知群体使用网络暴力的可能性最高，其次是公平性风险感知群体。由此可见，保障性风险感知群体是网络抗议的重要群体，并且更多地将抗议矛头指向政府；公平性风险感知群体进行网络抗议的可能性也较高，同时使用网络暴力的可能性亦显著高于风险感知休眠群体；整体性风险感知群体使用网络抗议的可能性虽没有明显高出其他群体，但是一旦其进行网络抗议，则抗议矛头指向政府、使用网络暴力的可能性均远高于风险感知休眠群体。

本文的分析对拓展网络抗议行为的理论研究具有两方面的价值：第一，本文关注的是主观变量对网络抗议行为的影响，弥补了已有研究多从客观变量出发解释抗议行为的不足。同时，这一研究更有助于我们理解网络抗议不同于现实集体行动的逻辑。第二，本文分析的是一般意义上的网络抗议行为，并具体解释了哪些因素对其产生重要影响。这一研究不仅有别于现有多数研究只关注直接利益冲突事件解释的趋势，同时，也有别于那些已经关注一般性网络抗议行为的少数研究。为数不多的研究一般性网络抗议行为的文献只从类型学的角度分析而缺乏有效的解释,而本文提出了风险感知群体的解释变量、并进行了检验,数据分析支持了风险感知群体变量纳入解释框架的有效性。

需要说明的是,本文的研究对现有网络抗议行为的理论解释视角不是替代,而是一个新的开拓,本文提出的框架与集体行动、政治过程、框架化等理论共存,在分析不同的问题和现象时,各有长处。事实上,风险感知作为一种重要的抗议行为解释视角,在解释网络抗议行为时优势明显,这也促使我们开始将研究视角切入新兴的互联网领域,大大拓展了传统集体行动的研究范畴。

最后,本研究探索了一个新的研究方向,值得未来进一步深入,即不同于传统人口学分类,而是基于互联网上的主观态度表达/客观网络行动的网络社会社群分类问题。互联网用户的网络态度行为有别于传统现实社会,这种基于数据的趋同类聚和同质分类过程,表现出潜在的"在线社群"结构,有助于我们更加深入地理解中国互联网空间的各类属性。

(马卫红 李秀玫 郑雯)①

---

① 原文刊载于《兰州大学学报(社会科学版)》2016年第2期。

第二节　媒体信任是否影响我们对转基因食品问题的态度

一、"拟态环境"中大众媒体信任与认知引导的关系研究

互联网高速传递信息的时代，传媒的力量得以彰显。通过网络，媒体拓展了传播知识和信息的惠及面，社会大众不仅便利地获得了媒体提供的多种信息，还对媒体的依存度日益提高。这可能产生一种社会结果：当人们对事物的认识存在较大不确定性时，媒体可能引导人们的认知。

李普曼（Walter Lippmann）曾经在《公众舆论》（2006）中提出"拟态环境"（pseudo-environment）概念，表明媒体会引导人们的认知。李普曼认为，在大众传播发达的现代社会里，人们对现实的认识很大程度上需要通过媒体所搭建的"拟态环境"来完成，人们通过媒体中介后的"拟态环境"所形成的"主观现实"不可能是对客观现实"镜子式"的反映，而是产生了一定的偏移，成了一种对"拟态环境"的现实。因此，大众传播媒介建构的"拟态环境"对受众的认知产生着影响，媒体引导着人们的认知。

媒体搭建的"拟态环境"引导人们认知的外在表现形式很多，其中一种情况为人们对媒体的信任[①]将影响媒体对人们社会态度的引导，媒体信任是一个影响受众认知受媒体引导的关键因素。关于媒体信任，以往国内传播学对媒体信任的研究关注较少，且研究者倾向于关注媒体信任的影响因素和机制、不同媒体的信任程度分类以及提升媒体信任度的措施（张杰，2013；王润泽，2003；薛可等，2014；王梦娇、陶龙琦，2013；李品，2013），没有对媒体信任的社会后果或社会功能展开专门研究。上述研究表明，影响公众对媒体的信任的因素很多，除了媒体自身在内容生产中可能出现的虚假新闻报道、社会责任危机、维护公众利益触动法律规定等问题之外，还有媒体的生存环境因素导致其对市场的依赖、权力的畏惧、商业财团的迎合等，使得媒

[①] 本文的"媒体信任"不局限于人们对单个媒体、特定媒体或媒体传播的特定信息的信任，而是人们对广义媒体的信任状态。

体在自利动机驱使下对各种真实信息进行选择性加工。

可以看出，传播学偏重于关注影响公众媒体信任的因素、机制等——强调媒体及其所处的社会环境因素对媒体的社会接纳的影响——是重视媒体发展的表现，但是媒体的社会后果或社会功能也应是传播学的重要研究视阈，比如：媒体中介后的"拟态环境"对不同媒体信任的受众的社会认知的作用。相反，虽然社会学视角下的媒体信任研究更少，但是主要关注媒体信任的社会后果或社会功能，如梁莹（2008）分析了媒体信任对现代公民文化成长的影响，梁莹（2012）研究了媒体信任对公民的社区志愿服务参与的影响。可是，梁莹（2008，2012）也没有探索媒体建构的"拟态环境"对媒体信任的社会后果或社会功能的前置影响，其功能主义研究范式缺少系统化思维。

为了弥补上述研究的不足，本研究试图从系统化的角度研究媒体对人们社会认知的引导作用。本研究的主题是分析在人们对事物的认识存在较大不确定性时，"拟态环境"中媒体信任对大众传媒引导人们认知的影响。为了对这一研究主题展开具体研究，研究者选择了转基因食品话题作为研究对象。一方面，目前转基因食品问题是一个人们普遍存在认知不确定性的话题。根源在于：在科学层面上，转基因食品的风险尚不明确，大部分社会成员对转基因食品缺乏了解，人们所获得的转基因食品信息尚不足以让他们对此形成明确认识。不可否认，随着互联网信息平台的繁荣，媒体作为人们获取转基因食品信息的重要提供方，所传播的转基因食品信息数量有大幅增加，并且网络用户之间对转基因食品信息的传递也让媒体信息传播产生了辐射效应，但是知识界没有提供足够或有定论的信息，所以社会大众仍然对转基因食品问题的认知存在很大的不确定性。另一方面，我们发现转基因食品问题是一个可以自由、开放讨论的话题。政府和媒体对这一话题的信息传播、意见表达没有太多限制，网络公共空间的此类信息传播、意见表达也如此。这说明存在一个媒体建构的关于转基因食品的"拟态环境"。并且，我们能够通过网络有效地收集到媒体和社会大众对转基因食品的全部态度立场，以及人们对转基因食品问题的全部观点，这便利了本研究的资料收集工作。

此外，在我国研究"拟态环境"中媒体信任对大众传媒引导人们转基因食品态度的影响，既是一个能有效了解我国"拟态环境"状况以及媒体引导人们认知的研究问题，也是一个可以探索大众传播的社会功能和社会后果的研究问题，具有一定的理论和现实意义。本文的研究问题为：（1）媒体在转基因食品话题的传播上建构了什么样的"拟态环境"？（2）在这一"拟态环境"背景下，不同媒体信任的人们对转基因食品问题的态度是否不同？相对于不信任媒体的个人而言，信任媒体的人们对转基因食品的社会态度是否更容易受媒体建构的"拟态环境"的引导？

本文共分为四个部分：第一部分探讨"拟态环境"中大众媒体信任与认知引导的关系研究；第二部分呈现了普遍不确定性条件下转基因话题的网络媒体传播，这一部分使用了互联网数据挖掘系统获得的网络媒体数据展开分析；第三部分就媒体信任与网络用户转基因食品态度之间的关系进行回归分析，这一部分使用了由复旦大学传播与国家治理研究中心完成的"中国网络社会心态调查（2014）"的数据；第四部分是结论与讨论。

二、普遍不确定性条件下转基因话题的网络媒体传播

媒体在转基因食品话题的传播上建构了什么样的"拟态环境"？需要先对转基因话题的媒体传播情况展开分析，了解媒体的信息传播及立场特征。借助互联网数据挖掘系统，本部分选取了 2014 年 7—8 月传播转基因食品话题的主要网络媒体及信息，主要的网络媒体包括新闻媒体、社交媒体和网络论坛三种类型。

对上述三类媒体及其 7—8 月所发布的转基因食品信息进行了内容分析和统计分析，具体为：（1）对新闻媒体和网络论坛，分别以各自 8 月份发布的转基因话题的新闻报道数和发帖数为依据进行排序，选择了排名前十位的新闻媒体和网络论坛作为研究对象，分析了它们 8 月份转基因话题所有报道和贴文的态度立场。（2）对社交媒体，本研究以微博平台为例，收集了 7 月 15

日—8月15日微博平台里转基因话题的1200条热门微博作为分析对象，分析了它们的态度立场。

（一）新闻媒体："反转"和"挺转"立场分明，"反转"更多

2014年8月，网络新闻媒体关于转基因话题的报道共计3230篇。本文按照新闻媒体在2014年8月对转基因话题新闻报道的数量进行了排序，前十名的新闻媒体有：新民网、中国经济网、新浪网、搜狐、新华网、szhgh.com、大河网、凤凰网（见图7-2）。

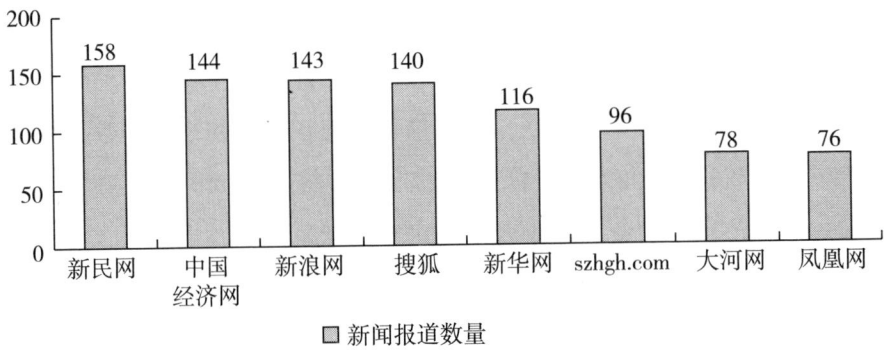

图7-2 2014年8月转基因话题报道数量前10位的网络新闻媒体

本研究对上述10大网络新闻媒体2014年8月的新闻报道进行内容分析，发现上述10大网络新闻媒体在转基因话题上各有其基本立场，大体分成"反转"和"挺转"两种典型类型，以"反转"居多，另有部分中立或无明确表达的态度类型。一定程度上，"挺转"的言论往往会调用科学界的权威人员或专业人士的言论，注重提及专业人士的身份特征，而"反转"的言论往往引用一些现实的案例及对社会情绪的调用，涉及的非专业人士更多。

初步分析表明，新闻报道中转基因食品问题的信息传播呈现以下特征：发布转基因话题的10大网络新闻媒体以"反转"立场居多，"反转"和"挺转"两派的发声逻辑存在明显的差异，同时人们对转基因的基本立场存在群体类型差异。

（二）社交媒体：相当比例的立场不确定，"反转"立场远超"挺转"立场

对于社交媒体的分析，本文以微博平台为例。根据 2014 年 1—8 月微博（包括新浪、腾讯、网易、搜狐微博平台）用户关于转基因话题的发帖量月份统计图（见图 7-3），7—8 月转基因话题的讨论异常活跃，微博平台上的发帖量陡增。

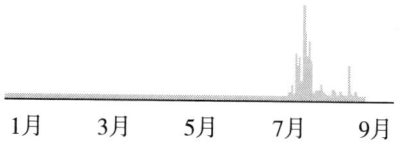

图 7-3 2014 年 1—8 月转基因话题微博发帖量统计结果

为进一步了解微博平台上转基因话题贴文的态度立场，本研究选取了 2014 年 7 月 15 日至 2014 年 8 月 15 日的热门微博 1200 条。通过对这些博文进行内容分析，获得了社交媒体上转基因话题的立场特征（见表 7-6）。在总样本中，54.8% 的博文持"反对"立场，40.8% 的博文立场"无法判断"，仅有 4.3% 的博文持"支持"立场。同时，在可明确判断态度特征的 710 篇热门博文中，92.7% 持"反对"态度，7.3% 持"支持"态度。可见，一方面社交媒体上三分之一以上的博文立场"无法判断"，另一方面"反转"立场远超"挺转"立场。

表 7-6 社交媒体上转基因话题的立场分析

判断	频次	百分比（%）	有效百分比（%）
反对	658	54.8	92.7
支持	52	4.3	7.3
无法判断	490	40.8	——
总计	1200	100.0	100.0

此外，在这 1200 篇微博中，由微博认证用户发布的博文有 46 条，其中 5 条支持转基因（10.9%），30 条反对转基因（65.2%），11 条"无法判断"（23.9%）。这说明微博认证用户中"反对"立场的转基因话题贴文也远多于

"支持"立场。

(三)网络论坛:"反转"和"挺转"立场中价值取向多样化

2014年8月,网络论坛关于转基因话题的发帖数共计22491篇,其中贴吧的发帖数达到了网络论坛转基因话题总发帖数的一半。按照8月网络论坛对转基因话题的发帖数进行排序,前十名的网络论坛有:贴吧、百度、天涯论坛、铁血社区、www.mhzdg.com、club.kdnet.net、天涯、网易-新闻论坛、网易、人民网,见表7-7。

表7-7　2014年8月转基因话题发帖数前10位的网络论坛

排序	网络论坛	发帖数
1	贴吧	13880
2	百度	5871
3	天涯论坛	934
4	铁血社区	304
5	www.mhzdg.com	282
6	club.kdnet.net	166
7	天涯	151
8	网易-新闻论坛	150
9	网易	146
10	人民网	129

本研究对上述10大网络论坛2014年8月关于转基因话题的发帖进行了内容分析,发现上述10大网络论坛平台上"反转"较"挺转"而言依然占绝大多数,相当比例的"无法判断"立场依然存在。与此同时,持"反转"或"挺转"立场的两派人群内部对于转基因问题的价值判断还存在着差异化和分歧,其中既有伦理观念的差异,也有科学信仰的分歧,还有对政府信任度和制度政策评价的不一致。

尽管如此,值得注意的是,三类网络媒体中反对者的声音远高于支持者,网络媒体信息传播中以"反转"立场居多,"反转"有着更为广泛的受众和社会影响力。与此同时，大多数个人表现出没有明确的立场，但也存在立场分明的小众。可见，转基因食品在科学层面上存在普遍不确定性与信息不完全的状态，新闻媒体、社交媒体和网络论坛也均未能对转基因的风险向受众给出充分的信息。这使得，一方面人们对转基因食品问题的认识充满了不确定性，尚处于信息不完全的状态中；另一方面媒体信息传播中存在一部分立场明确的小众构造了倾向"反转"的"拟态环境"。

综上所述，在普遍的不确定性以及信息不完全的状态下，媒体构造了倾向"反转"的"拟态环境"，那么人们对媒体的信任是否会引导人们出现"反转"态度呢？不同媒体信任的人们出现"反转"态度是否存在差异性呢？

三、媒体信任与网络用户转基因食品态度的回归分析

人们在转基因问题上存在普遍不确定性的背景下，媒体构造了倾向"反转"的"拟态环境"。本文为了进一步分析媒体信任与人们转基因食品态度间的关系，采用了一份1800名新浪微博用户的抽样调查数据，尝试着使用相关分析和回归分析来明确媒体信任与人们转基因食品态度间的关系。

（一）数据

本部分采用的数据来自于复旦大学传播与国家治理研究中心完成的"中国网络社会心态调查（2014）"的数据。该数据收集工作历时8个月，追踪分析了1800名网络用户近两年间发布的所有微博文章。该数据以《中华人民共和国职业分类大典》和相关研究文献为根据，并以现实社会的职业分类为标准，选择了数十类职业群体，以便更明确地呈现群体间差异。调查对象的年龄最大的为50后，最小的为90后。

（二）变量测量

本研究衡量个人对转基因食品问题的态度的指标为"支持"、"反对"、"无法判断"，以个体网络用户为分析单位，通过阅读网络用户的新浪微博博

文得出分析结果，供统计分析。本文在分析过程中将这一问题处理为两个变量：对转基因食品问题是否有明确态度（1=有，0=无）、对转基因食品问题的具体态度（1=支持，0=反对），分别作为两个分析模型中的因变量。

本文的解释变量为人们对媒体的信任，鉴于媒体的范畴比较宽泛，本研究采纳广义的媒体界定，并且媒体信任的对象不局限于单个媒体而是整个媒体生态。本文测量个体对广义媒体的信任也是通过其在微博中对媒体的评论及媒体所传播的知识、信息等态度表征来判断（1=信任，0=不信任）。本文控制了个体的年龄（1=1980年及以后出生，0=1980年以前出生）、目前工作地点（1=较发达地区，包括海外、港澳台、一线城市，0=欠发达地区，包括二、三线城市及农村）、受教育水平（1=本科及以上，0=大专、高职、高中及以下）、群体类型（1=知识分子及专业技术人员，0=其他）。

各主要变量基本状况参见表7-8。可以看出，网络用户对转基因食品问题有明确态度的比重较低（16.1%），其中相对于反对转基因食品而言，持支持态度的仅占17.8%。可见，大多数网络用户对转基因食品问题存在高度的不确定性，无明确态度的比重高，与此同时，反对者人数高出支持者人数4倍多。这在一定程度上说明了在信息不足和不确定条件下，媒体构造的倾向"反转"的"拟态环境"对人们的转基因食品态度产生了影响，即媒体倾向"反转"，人们持"反转"立场的也多。

表7-8 各主要变量的基本情况

变量	类别	频率	百分比
对转基因是否有明确态度	是=1，否=0	287	16.1
对转基因的具体态度	支持=1，反对=0	51	17.8
媒体信任感	信任=1，不信任=0	1194	93.4
年龄	1980年及以后=1，1980年以前=0	907	60.3
受教育水平	本科及以上=1，大专、高职、高中及以下=0	1101	86.8
目前工作地点	较发达地区=1，欠发达地区=0	806	45.8
是否知识分子及专业技术人员	是=1，否=0	768	42.7

注：频率、百分比指各主要变量中赋值"1"的类别。

(三) 描述性发现

通过变量甄选和相关分析,本文发现,媒体信任是一个可能解释人们对转基因食品问题态度差异的关键变量。在信任媒体和不信任媒体的样本中,人们对转基因食品问题的态度存在显著差异(见表7-9)。可见,媒体信任与人们对转基因食品问题的态度通过了皮尔森卡方检验,达到了0.05的显著性水平。信任媒体的网络用户与不信任媒体的网络用户相比,对转基因食品问题更缺乏明确判断,二者相差13%。据此可以认为,在转基因问题存在普遍不确定性的背景下,媒体的立场各有不一,转基因信息的媒体传播并没有解决人们的不确定性问题。

表7-9 媒体信任与是否明确判断转基因食品问题的相关分析

对转基因食品的态度	媒体信任		合计
	不信任	信任	
无明确态度	71.4%(60)	85.3%(1018)	84.4%(1078)
有明确态度	28.6%(24)	14.7%(176)	15.6%(200)
总计	100.0%(84)	100.0%(1194)	100.0%(1278)

注:Pearson Chi-Square=11.373,df=1,sig.(2-sided)=0.002;括号内数字表示频数。

那么,对转基因食品问题有明确判断的人中,媒体信任与具体态度的关系如何?表7-10显示,媒体信任与具体态度的相关关系通过了皮尔森卡方检验,达到了0.05的显著性水平。结果表明,对转基因食品问题有明确态度的人中,信任媒体且持"反对"态度的有89.8%,与之对应,不信任媒体且持"反对"态度的有75.0%。这说明,媒体信息传播中的"反转"立场更多地被信任媒体者所习得,人们在普遍不确定性状态下受到了媒体营造的"反转"拟态环境的影响。

表 7–10　媒体信任与对转基因食品问题具体态度的相关分析

对转基因食品的态度	媒体信任		合计
	不信任	信任	
支持	25.0%（6）	10.2%（18）	12.0%（24）
反对	75.0%（18）	89.8%（158）	88.0%（176）
总计	100.0%（24）	100.0%（176）	100.0%（200）

注：Pearson Chi-Square=4.365，df=1，sig. (2-sided) =0.048；括号内数字表示频数。

（四）多元回归分析

表 7–11 呈现了人们对转基因食品问题态度的多元回归分析结果。模型一表明，在控制了个人特征变量的情况下，信任媒体的人越难以对转基因食品问题形成明确判断。模型二表明，在对转基因食品问题有明确判断的人中，信任媒体的人态度上更反对转基因食品。

表 7–11　Logistic 回归分析

	模型一：对转基因食品是否有明确态度（Y）	模型二：对转基因食品的具体态度（Y）
截距	−0.183（0.427）	−1.672（1.197）
控制变量		
年龄	−0.918***（0.209）	−0.251（.664）
受教育水平	−0.217（0.331）	0.003（1.153）
目前工作地点	0.395*（0.213）	0.584（0.683）
知识分子及是否技术人员	0.026（0.213）	0.722（0.713）
解释变量		
媒体信任感	−1.257***（0.321）	−1.392*（0.742）
Cox 和 Snell R-square	0.048	0.044
N	827	119

注意：1. * 表示 $p \leq 0.1$；** 表示 $p \leq 0.05$；*** 表示 $p \leq 0.001$；
2. 表格里括号外的数字为 β 系数，括号内的数字为标准误。

综上所述，人们的媒体信任不仅与其对转基因食品问题有无明确立场有关，而且信任媒体的人更多地有明确的"反转"立场，这说明不同媒体信任的人们对转基因食品问题的态度存在差异性，反转的"拟态环境"引导了人们更多地持有"反转"立场。

四、结论与讨论

人们对转基因食品问题的认识存在普遍不确定性，媒体营造的"反转"拟态环境引导了人们对转基因食品问题的态度，媒体信任在这一过程中发挥着作用。通过运用互联网数据挖掘系统对网络媒体转基因信息传播开展内容分析和统计分析，我们发现媒体营造了一个倾向"反转"的拟态环境，媒体在转基因食品话题的信息传播中提供了大量的信息，但是这些信息并不足以让公众对转基因食品形成明确认识，并且传播转基因食品信息的主要媒体持有的立场也不一致。人们对转基因食品问题的认识存在普遍不确定性。此外，通过运用由复旦大学传播与国家治理研究中心完成的"中国网络社会心态调查（2014）"的数据，本文针对媒体信任与网络用户对转基因食品态度之间的关系开展了相关分析和多元回归分析，发现人们对大众媒体的信任与其对转基因食品问题的态度存在显著关系，在媒体"反转"的拟态环境下，信任媒体的人们更多地倾向"反转"立场。同时，与不信任媒体的人相比，信任媒体的人们更难以对转基因食品形成明确的态度。

本研究的分析发现，大多数人对转基因食品没有明确的态度，且信任媒体的人较不信任媒体的人更没有明确态度。仅有少数人对转基因有明确的表态，在这部分人中，较不信任媒体的人，更多信任媒体的人持"反转"立场。这说明，媒体传播中的转基因食品话题存在信息不足，同时，"挺转"和"反转"两种典型立场中"反转"立场产生的社会影响更广。在这种拟态环境中，更多信任媒体的人没有明确态度或偏向"反转"。可以认为，在人们存在较大认知不确定性时，媒体会引导人们的认知。人们在转基因食品问题上存在普遍不确定性,而媒体又营造了倾向"反转"的拟态环境,所以人们对媒体的信任带来了更多的反转态度。

本研究还发现,人们对转基因食品的态度大体和三个因素有关,一是转基因食品本身的风险未知,二是媒体信任影响到人们对媒体所传播的信息的接受度,三是人们对政府及其政策的评价惯性。这说明,一方面,大众传媒不仅使人们获取知识和信息的渠道和路径更便捷,同时也影响了人们获取知识和信息时的内容取向,还影响着人们的价值判断。另一方面,媒体信息传播成为影响人们对转基因食品态度形成的关键要素,它关系着人们对转基因食品风险知识的获取以及对政府相关行为的评价,大众传播的社会政治功能凸显出来了。

自 2004 年转基因话题在国内掀起热议以来,大众媒体对转基因食品问题的报道以及一系列转基因事件的网络争论让公众开始更加关注转基因食品问题。公众对转基因食品的认知和判断极大地受到媒体信息传播的影响,所以我们可以把公众对转基因食品的社会态度看成一项媒体传播的社会后果。与此同时,社会大众对于转基因食品问题存在高度不确定性,这一问题背后包含诸多尚未可知的专业技术细节,此时媒体成了引导个体认知的重要因素。目前,关于转基因食品问题的讨论已经逐渐远离科学知识、专业知识及食品安全知识的争论范围。一些人把对政府的信任、社会不安全感、民族主义等社会情绪也夹杂进转基因食品问题的争论中,使之成了一个公共话题,一场关乎民族大义的立场之争。在本文证实了转基因食品问题的争论中媒体显著发挥着引导作用的基础之上,如何让大众媒体发挥作用,将这场争论的社会影响更多地导向正功能、减少负功能,是本研究留下的未尽议题。

目前,中国经济增长和社会转型建立在不平等广泛增加的基础之上(Yan,2012),社会成员的利己主义价值取向也让社会信任成为一个突出的问题,大众传播产生的社会政治后果对于中国社会而言越来越重要。媒体是大众获取信息的重要渠道,媒体会对人们的认知产生引导,人们对媒体的信任会影响到其对很多信息的接受度以及对社会问题的态度、立场与评价。在转基因食品问题中,媒体不仅发挥着传递信息的功能,还发挥着表达多元利益诉求的社会功能,后者需要引起重视。

(余慧 刘合潇)[1]

---

[1] 原文刊载于《新闻大学》2014年第6期。

第八章 极端情绪与行为

第一节 网络极端情绪人群的类型及其政治与社会意涵

一、研究缘起

"极端性"是描述各类社会现象非常重要的一个性质。任何社会现象经由我们从不同维度或不同部分的观察，会呈现出不同的面貌，其中那些使该现象显著区分于其他现象的极端化、突出化的维度或部分，不管其核心度高低或比例大小，往往被认为反映了一个群体、一个社会、一个国家或地区的特质。这样，在一个社会科学的研究体系中，研究者观察到的"极端性"在部分地塑造研究者对现象的认知框架，人们借由极端性个案、极端性维度来对类型学进行概括和提炼。

进一步来说，我们认为在关于"人"的研究中，少数具有极端表现的特殊人群具有非常重要的研究价值：第一，作为普通人群中的"异己者"，极端人物通常具有强大的心理动力和打破常规的观念形态，其对现实社会产生的影响不可低估；第二，极端人物的涌现可能是特定的社会结构与社会运行机制的产物，通过对极端人物的研究可以探索其背后的宏观社会特征与社会运行规律；第三，极端人物的极端表现与其本身所具有的客观经济社会属性可能具有相关性，研究者可以从这种相关性着手，把极端表现视为一个具有某种经济社会属性的群体的特质，并由此建构类似于理想类型的分析框架。

特殊人群的极端表现的一个重要方面是极端情绪的表达。尽管极端情绪表达者只占人群的很小比例，但是这类群体在社会态度和情绪表达方面的独特性使其成为不容忽视的一个重要群体。面对同一个外部刺激（如某个社会问题或社会事件），极端情绪群体往往会投入极大的心理能量作出反应，并具有比普通人群更高的从极端情绪到极端行为的转变概率。在这个意义上，极端情绪表达者很可能是潜在的极端行为者，并成为社会的变迁动力源。

基于上述认识，本文的研究将聚焦于在网络上表达出极端情绪的那一批人。与现实社会相比，在互联网所形成的虚拟社会中，极端情绪的表达更为引人注目。研究网络中的极端情绪表达者，也具有特殊的价值：第一，网络的匿名性和信息传播的便捷性，使人们能够借助网络平台，表达乃至宣泄自己对各种社会现象、社会问题的情绪和意见，同时也使得极端情绪在网络中更容易发酵和蔓延扩大，这在一定程度上塑造着网络社会乃至现实社会的生态特征；第二，部分极端情绪表达直接与政治、政府、国家相关，在不同意见相互激荡、多种力量合纵连横的网络环境中具有演化为特定意识形态的潜力，并借助网络的力量迅速传播，扩大其影响力；第三，网络为部分原本可能彼此孤立的极端情绪者提供了低成本的相互寻找和辨识的平台，并由此得以聚集和互动，进而建构起群体认同、联系网络与组织，这对中国现实的政治社会发展可能产生重要影响。

为此，本文拟对网络极端情绪表达者作一初探性研究。具体而言，本文将试图回答如下几个问题：网络上存在哪几种极端情绪表达类型？极端情绪表达者与非极端情绪表达者，以及不同类型的极端情绪表达者之间，是否具有不同的现实背景？极端情绪表达者与非极端情绪表达者之间，以及不同类型的极端情绪表达者之间，在政治态度和网络行动方面是否存在差异？

通过对上述问题的初步探讨，本研究有助于深化中国互联网研究。首先，文章初步展示了研究网络极端情绪的重要性，从而拓展了互联网研究的议题；其次，以用户为分析单位来分析其极端情绪的研究路径在一定程度上弥合以用户为中心的研究和以话语为中心的研究之间的隔阂，有助于加深我们对中国网络社会的认识；最后，本研究根据极端情绪对网络用户进行划分，初步揭示了网络用户在线表达的异质性，为今后网络社会心态的研究提供了有价值的类型学。

二、文献回顾

自互联网被引入中国以来，学界就持续关注互联网对政治、社会、经济与文化等领域的影响（Herold & de seta，2015；Kluver & Yang，2005），研究主题涉及电子商务与经济发展、互联网与民主的关系、网络公共领域、用户行为与网络成瘾、博客使用及其影响等。近年来，社会化媒体迅速发展，以新浪微博为代表的社会化媒体逐渐成为中国互联网研究的一个新焦点，相关的研究议题和视角也呈现出多元化的势态。大致而言，现有研究文献聚焦于如下议题和视角：社会化媒体的使用动机与使用模式（Zhang & Pentina，2012），数字不平等（Svensson，2014；黄荣贵、桂勇，2014），社会化媒体空间的虚拟社群结构及其影响因素（Huang & Sun，2014；黄荣贵、桂勇、孙小逸，2014），社会化媒体中的公共领域（Rauchfleisch & Schaefer，2015），社会化媒体空间中的话语霸权与反霸权（Gleiss，2015；Tong & Lei，2013；Yang，2013），政府的社会化媒体治理策略与国家合法性重构（Noesselt，2013；Sullivan，2014；Tong & Zuo，2014）。

仔细梳理上述文献可以发现，对社会化媒体用户的研究集中在使用动机、模式、使用能力与社会影响力的差异，这些研究几乎不涉及用户的态度和价值倾向。与之相对，对社会化媒体公共领域及其话语斗争的讨论聚焦于特定议题和事件以及事件相关人的行动和话语策略。可见，对社会化媒体用户的研究与社会化媒体话语空间的研究之间存在一定程度的脱节。该现状不仅限制了我们对社会化媒体空间的认识，也不利于我们对中国互联网社会的理解。基于此，本文认为以用户为中心来分析其网络社会心态和价值观的研究路径是一个被忽视但是非常重要的视角。

尽管存在相反的证据（Harris，Morgan & Gibbs，2014），互联网可能会促进用户在意识形态、价值和态度等方面的极化（Farrell，2012）。对中国互联网用户的研究也初步指出，互联网使用在一定程度上促进了网络用户意识形态的极化（Wu，2014）。这表现在如下三个方面：一是无意识形态社群逐步式微；二是文化自由主义与爱国主义社群逐渐发展壮大；三是文化自由主义与爱国主义社群之间的联系和交流逐渐减弱。在我国的网络 BBS 论坛的政治讨论中，左派论坛和右派论坛的分化与对立已初步展示出来（乐媛、杨伯溆，2009；2010）。考虑到近年来意识形态领域存在着多个热点问题（马学轲，2015），而社会化媒体又是思想争鸣的一个重要空间，对社会化媒体用户的价值和态度的研究就显得非常迫切。

本文认为，对社会化媒体用户价值和态度的研究需要超越理性和认知的视角，并具体考察"态度 - 情绪"这一复合体。换言之，网络情绪是我们理解社会化媒体用户不可或缺的要素。社会心理学研究表明，个人的态度同时由情感因素、认知因素和行为要素构成，而态度的形成与维持反过来维持人们情绪体验的基本需求（Maio, Olson & Bernard et al., 2003）。在政治传播过程中，情绪与理性（reason）之间并不必然存在对立的关系；相反，道德感知与政治感知取决于情绪与理性两者之间的互动（Bickford，2011）。对汤博乐（Tumblr）轻博客上的占领运动及其反运动（counter-movement）的话语分析表明，运动与反运动均诉诸"共情"这一特定的情绪性承诺，让自身得到更多的公众支持（Recuber，2015）。对推特上争议性事件的分析也表明，在事件发生后的 24 个小时，愤怒和负面情绪明显增加（Yardi & Boyd，2010）。

推特等社会化媒体首先是信息传播而不是政治对话平台（Small，2011）。虽然推特用户能接触到更多元化的观点，但这种接触更多的是强化群体隶属而较少引发有意义的讨论（Yardi & Boyd，2010）。有限的讨论与对话不仅意味着用户难以通过理性的辩论来达成共识，还意味着情绪与信念在信息传播中的重要性。经验研究表明，情绪有助于观点在社交媒体上的传播。充满情绪的微博能在更短的时间内被转发，其被转发次数也更大（Stieglitz & Linh，

2013）。事实上，推特用户在报道政治事件时往往将情绪和观点、戏剧（drama）和事实、自身的主观描述和解读混合在所发布的微博中，使得研究者难以使用单一标准对其进行分类。新闻故事这种"混杂（hybridity）"特征被称为情感（affective）新闻（Papacharissi & de Fatima Oliveira, 2012）。

现有情绪分析往往将情绪简单区分为正向和负向（Stieglitz & Lihn, 2013），这一分析路径无法有效揭示情绪、态度与价值观之间的关系。为了更好地理解社会化媒体用户所持有的"态度-情绪"复合体，本研究将具体考察若干充满情绪的态度。

基于现有文献对中国互联网空间性质和用户行为的争论，本文将主要考察民族主义、草根主义、政治冷漠以及若干与社会分化/不平等相关的态度。有研究者认为，中国的互联网是一个非政治化的空间，用户呈现出政治冷漠的势态（Damm, 2007）。对立的观点则指出，网络用户积极参与在线政治表达，网络上也时不时爆发强烈的网络民族主义情绪（Liu, 2011）。调查研究表明，社会化媒体的使用，特别是在线政治表达与民族主义之间存在着显著的正向联系，并且民族主义是联系媒介使用与对政治系统支持性态度的中介变量（Hyun & Kim, 2015）。同时，社会化媒体发展也为底层发声提供了新的工具和渠道。比如，工人和劳工组织已逐渐将社会化媒体纳入其维权、发声和政策倡导的工具箱中（邱林川，2014；黄荣贵、桂勇，2014；Gleiss，2015）。可见，社会化媒体中的草根主义表达值得我们关注。与之相关，在线空间中的流行语从一个侧面反映了网络用户的不公平感和"弱势感"，网络用户也往往从对立的角度理解官员、富商等强势群体与弱势群体的关系（袁光锋，2015）。调查研究进一步表明，网络用户对法治和司法系统的不信任会促进在线政治讨论（Mou, Atkin & Fu, 2011）。最后，公共安全（比如食品安全）是社会化媒体上热议的主题（Rauchfleisch & Schaefer, 2015；Yang, 2013），而公共安全关注群体也是新浪微博平台上的一个潜在社群（郑雯、黄荣贵，2015）。

由于本文试图理解社会化媒体空间的极端化和极化现象，下文将着重关注"情绪-态度"复合体的极端表达（下文简称为极端情绪）。现有研究表明,围绕争议性议题的在线争论中往往存在一定比例的极端观点(Yardi & Boyd,2010),而极端观点的普遍度与微博所采取的框架化之间存在一定的关系(Harris,Morgan & Gibbs,2014)。

基于上述分析,本文将通过实证分析的方式探索如下三个问题:

Q1:基于极端情绪的在线表达,社会化媒体用户可被划分为多少潜在群体?

Q2:每个极端情绪群体具有何种特征?特别地,他们的现实背景如何?

Q3:不同极端情绪群体会展示出何种政治态度与网络行为?

三、数据来源、分析策略和指标的选择与测量

(一)数据来源

本研究的数据来自复旦大学国家网络传播研究协同创新中心的"中国网络社会心态调查(2014)",该调查采用分层抽样结合简单随机抽样的方式进行抽样,样本覆盖了新浪微博平台上多元职业、多元社会群体的1800名网络用户。样本中,男性占78.31%,女性占21.69%;90后、80后、70后和60后及以前样本的有效百分比分别为8.44%、51.83%、21.79%和17.94%。

(二)分析策略

我们采用潜类分析(Latent Class Analysis,LCA)的方法对网络极端情绪表达者进行类型化。潜类分析与因子分析类似,能够探讨多个直接测量的具有一定相关性的实测指标(外显变量)如何受少数几个潜在的独立因子所支配(Magidson & Vermunt,2003)。与因子分析不同,潜类分析中的外显变量和潜在因子均为类别型变量。潜类分析是建立在潜类概率和条件概率之间的关联性的多变量分析技术,能有效地探讨类别型观测变量背后的潜在类别(邱皓政,2008)。结合现有文献及探索性潜类分析结果,本研究将通过对8个测量指标进行潜类分析来识别潜在的极端情绪群体。

其次,我们采用对应分析(Correspondence Analysis)的方法考察各极端情绪群体与现实背景变量的对应关系,探讨不同极端情绪群体分别对

应哪些现实特征。对应分析主要用于分析定类变量或定序变量的多维频度表，探索同一变量的各个类别之间的差异以及不同变量各个类别之间的对应关系（Bartholomew，Steele & Moustaki et al.，2002）。最后，我们使用二分 logistic 回归模型探索不同极端情绪群体的政治态度与网络表达等方面的特征。

（三）指标的选择与测量

1. 潜类分析变量

用于潜类分析的变量来自调查数据的社会情绪模块中具有极端态度的变量，包括社会不安全感、仇官情绪、仇富情绪、不公平感、政治冷漠感、草根主义（底层取向）、民族主义情绪和爱国主义倾向[①]。"民族主义情绪"的选项包括"强硬民族主义者"、"温和民族主义者"、"去民族主义者"、"无法判断"等几类，我们将"强硬民族主义者"编码为 1，其他选项编码为 2；其余 7 个变量的选项均为没有、有一点、强烈、无法判断，我们将"强烈"编码为 1，其他选项编码为 2。各变量的描述统计见表 8-1。

表 8-1 极端情绪变量的描述统计（N=1800）

变量	取值	百分比（%）
社会不安全感	强烈	9.67
仇官情绪	强烈	4.94
仇富情绪	强烈	1.67
不公平感	强烈	10.17
政治冷漠感	强烈	15.33
草根主义	强烈	8.61
民族主义情绪	强硬	6.44
爱国主义倾向	强烈	23.33

---

① 作者结合现有研究文献以及前期探索性数据分析的结果，从一系列指标中选择了这 8 个测量指标。

2. 现实背景变量

对极端情绪群体现实背景的考察包括年龄、受教育水平、职业群体变量，这些变量均为分类变量。其中，年龄的取值为90后、80后、70后和60后及以前；受教育水平的取值为研究生、本科生、大专（含高职）和高中及以下；职业群体共有四类，分别为商界精英、知识分子及专业技术人员、社会底层群体和体制内人员。现实背景变量的描述统计见表8-2。

表8-2 现实背景变量的描述统计

变量	取值	有效百分比（%）	有效样本数
年龄			1505
	90后	8.44	
	80后	51.83	
	70后	21.79	
	60后及以前	17.94	
受教育水平			1269
	研究生	29.87	
	本科生	56.90	
	大专（含高职）	9.46	
	高中及以下	3.78	
职业群体			1800
	商界精英	24.00	
	知识分子及专业技术人员	13.33	
	社会底层群体	42.67	
	体制内人员	20.00	

3. 政治态度与网络行动表达特征变量

对极端情绪群体网络表达特征的考察包括政治态度和网络行动两个方面。其中，政治态度包括"对体制的态度"和"政治信任感"两项指标；网络行动包括"是否曾使用网络暴力"和"是否曾使用微博进行抗议"两项指标。

对以上四个变量进行重新编码后，均转换为0-1变量。其中，在"对体制的态度"的选项中，表达出对体制的正面倾向被编码为1，其他被编码为0；"政治信任感"的选项中，表现出政治信任感的被编码为1，其他被编码为0；"是否使用过网络暴力"的选项中，做出过人肉搜索、谩骂、人身攻击、人身威胁等行为的被编码为1，其他被编码为0；"是否曾使用微博进行抗议"的选项中，有过抗议行为的被编码为1，其他被编码为0。

表8-3 网络表达特征变量描述统计

变量	取值	有效百分比（%）	有效样本数
对体制的态度	正面	30.63	539
政治信任感	信任	45.24	794
是否使用过网络暴力	是	4.38	77
是否曾使用微博进行抗议	是	18.23	320

四、网络极端情绪群体的类型

我们对社会不安全感、仇官情绪、仇富情绪、不公平感、政治冷漠感、草根主义、民族主义情绪和爱国主义倾向8个指标进行潜在类别分析，首先是根据适配指标选择潜在类别的最优数量，进而确定网络极端情绪群体的类型。

1. 探索性潜在类别分析

为了选择合适的潜类别模型，我们从潜变量为1的零模型开始，拟合了7个潜变量模型。表8-4列出了7个模型的适配估计指标，从中可以看出，潜变量类别数目越多，模型适配的似然比卡方统计量越小，卡方值也变小。BIC

从基准模型到 5-cluster 模型逐渐减少，到 6-cluster 又开始增大。在 7 个模型中，5-cluster 模型的 BIC 值最小（7947.778）。综合考虑各指标以及模型的可解读性，我们选择 5 个潜类别模型作为最优模型。

表 8-4 不同潜在类别模型的适配指标

模型	BIC	AIC	X2	G2	npar
1-cluster	8816.105	8772.14	436761.1	1270.862	8
2-cluster	8031.817	7938.393	723.8599	419.1145	17
3-cluster	7948.089	7805.205	483.4091	267.9268	26
4-cluster	7950.218	7757.874	316.3411	202.596	35
5-cluster	7947.778	7705.974	258.5009	132.6959	44
6-cluster	7981.749	7690.485	390.8052	99.20693	55
7-cluster	8042.959	7702.236	173.8617	92.95753	62

2. 网络极端情绪群体的 5 种潜在类型

以潜在类别数量为 5 作为最优模型，利用 EM 算法进行参数估计，得到 8 个指标的条件概率和潜在类别概率（见表 8-5）。从条件概率看，类别 1 在绝大多数指标上表现为没有极端情绪，可命名为"酱油众"；类别 2 仅在"政治冷漠"指标上的条件概率明显较高，可命名为"冷漠族"；类别 3 在"民族主义、爱国主义"指标上的条件概率较高，可命名为"铁血爱国派"；类别 4 仅在"不公平感"指标上的条件概率明显较高，可命名为"愤世嫉俗派"；类别 5 在"社会不安全感、仇官、仇富、不公平感、草根主义"等指标中表现出极端情绪的概率均很高，可命名为"民粹主义者"。从潜类概率看，"酱油众"的比重最大，为 0.6958；"冷漠族"的比重次之，为 0.1391；"民粹主义者"的比重最小，为 0.0187；另外，"铁血爱国派"和"愤世嫉俗派"的比重分别为 0.0805 和 0.0659。

表 8-5　极端情绪变量的条件概率和潜在类别概率

	酱油众	冷漠族	铁血爱国派	愤世嫉俗派	民粹主义者
社会不安全感	0.0356	0.0167	0.2279	0.4942	1.0000
仇官	0.0059	0.0030	0.0000	0.4138	0.9443
仇富	0.0022	0.0000	0.0082	0.0375	0.6423
不公平感	0.0211	0.0103	0.1850	0.7956	0.9754
政治冷漠	0.0000	1.0000	0.1210	0.0614	0.0238
草根主义	0.0193	0.0598	0.4002	0.2037	1.0000
民族主义	0.0136	0.0257	0.5594	0.0648	0.1129
爱国主义	0.2242	0.0344	0.7828	0.0753	0.2418
潜类概率	0.6958	0.1391	0.0805	0.0659	0.0187

如上所述，根据五个潜类变量可将样本划分为五个潜在类别群体，其中"酱油众"为没有极端情绪的群体，其他四类为具有极端情绪、彼此之间存在着差异的群体。换言之，在不同指标上具有极端情绪的网络用户并不是完全重合的，他们又分化为几种不同类型的群体。根据潜在类别分析结果对各样本的群体隶属进行预测可知（见表 8-6）："酱油众"占样本的 72.94%，"冷漠族"占 14.11%，"铁血爱国派"占 6.17%，"愤世嫉俗派"占 4.72%，"民粹主义者"占 2.06%。

表 8-6　不同极端情绪类型在样本中所占比例

极端群体类型	人数	百分比（%）
酱油众	1313	72.94
冷漠族	254	14.11
铁血爱国派	111	6.17
愤世嫉俗派	85	4.72
民粹主义者	37	2.06
合计	1800	100

从对不同样本的微博文本分析来看，这五类群体的博文内容取向存在着明显的区别。样本用户的微博内容大致可以分为两大类型：一类是个体性的

表达，包括记录生活、分享心情、消遣娱乐、搜集资料、获取信息等；另一类是公共性或互动性表达，包括表达个人诉求、呼吁关注、泄愤，与其他群体互动，表达对公共议题的看法和观点等。个体性表达主要是记录或展现个人生活，或搜集与个人职业相关的信息等，这类表达的态度通常偏中立。公共性或互动性表达往往涉及公共议题，表达明确的诉求或观点，这类表达易分化为不同的极端态度。

在上述两类内容上，五类群体的微博有着如下不同："酱油众"的网络表达以个体性表达为主，包括个人生活记录、心情分享、职业相关信息以及生活哲理、心理百科、星座解读、美食旅游、搞笑段子、养生知识等。一部分"酱油众"几乎不涉及公共议题，还有一部分"酱油众"偶尔提及公共议题，主要是环保、教育、食品安全、反腐、行业垄断等与个体利益相关的或热门的公共议题。"冷漠族"的关注焦点则几乎全部是个体性议题，很少涉及公共议题。"铁血爱国派"则以公共性表达为主，大量转发并评论军事、历史、领土纠纷、外交关系、时事新闻等相关议题。"愤世嫉俗派"和"民粹主义者"均以公共性或互动性的表达为主，其中维权议题是其网络表达最主要的议题。此外，"愤世嫉俗派"和"民粹主义者"还非常关注各类社会不公现象，并将其与个人遭遇联系起来进行评论。

五、网络极端情绪群体的现实背景

我们利用对应分析的方法考察网络极端情绪群体的现实背景，即极端情绪群体与年龄、受教育水平、职业群体类型的对应关系。表8-7是极端情绪群体与年龄、受教育水平和职业群体类型分别进行对应分析的统计量汇总表。由累积惯量比例可知，第一、二维分别解释了极端情绪群体与年龄、受教育水平和职业群体类型之间的总变差分别是99.9%、96.3%、99.5%，所以两个维度基本可以解释两个变量间的总变差；并且，第一维分别解释了总变差的94.3%、69.8%、86.2%，所以观察对应分析图时均以第一维为主。

表8-7 简单对应分析统计量汇总表

	第一维			第二维			累积惯量比例
	奇异值[①]	惯量	惯量比例	奇异值	惯量	惯量比例	
极端情绪群体与年龄	0.140	0.020	0.943	0.034	0.001	0.056	0.999
极端情绪群体与受教育水平	0.210	0.044	0.698	0.129	0.017	0.265	0.963
极端情绪群体与职业群体	0.304	0.092	0.862	0.119	0.014	0.133	0.995

由极端情绪群体与年龄的对应分析图可以发现：年龄为60后及以前的网络用户更可能是"民粹主义者"；70后更可能是"铁血爱国派"或"酱油众"；80后更可能是"酱油众"；90后更可能是"冷漠族"。"愤世嫉俗派"大体上由60后及以前和70后共同组成（见图8-1）。

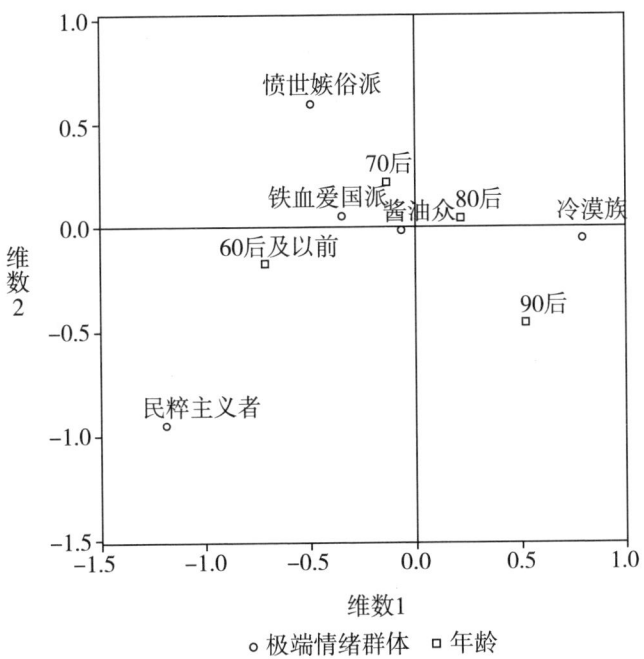

图8-1 极端情绪群体与年龄的对应分析图

[①] 奇异值即惯量的平方根，相当于相关分析中的相关系数；惯量表示各个维度对列联表中各个类别之间差异的解释程度。

由极端情绪群体与受教育水平的对应分析图可以发现：受教育水平为大专（含高职）的网络用户更可能是"民粹主义者"；受教育水平为研究生的网络用户更可能是"愤世嫉俗派"或"酱油众"；受教育水平为高中及以下的网络用户更可能是"酱油众"；受教育水平为本科生的网络用户更可能是"冷漠族"或"铁血爱国派"（见图8-2）。

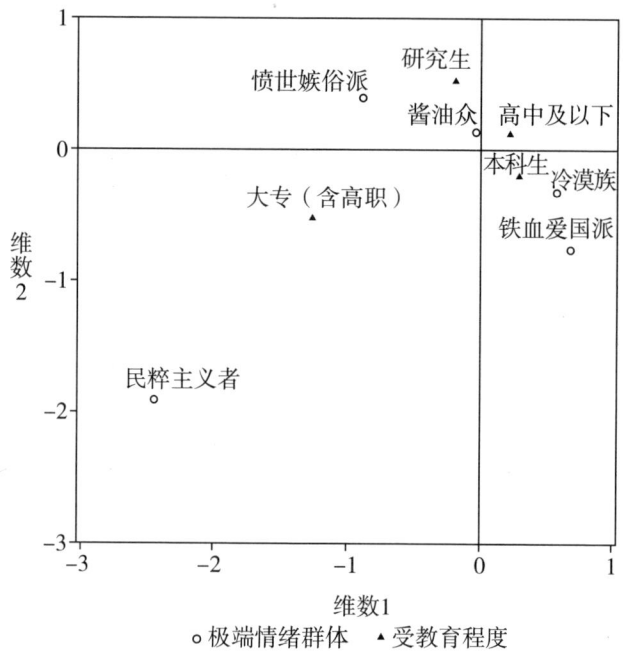

图8-2 极端情绪群体与受教育水平的对应分析图

由极端情绪群体与职业群体的对应分析图可以发现：商界精英和知识分子及专业技术人员更可能是"酱油众"；体制内人员更可能是"铁血爱国派"；"冷漠族"和"民粹主义者"与职业群体的对应关系不明显（见图8-3）。

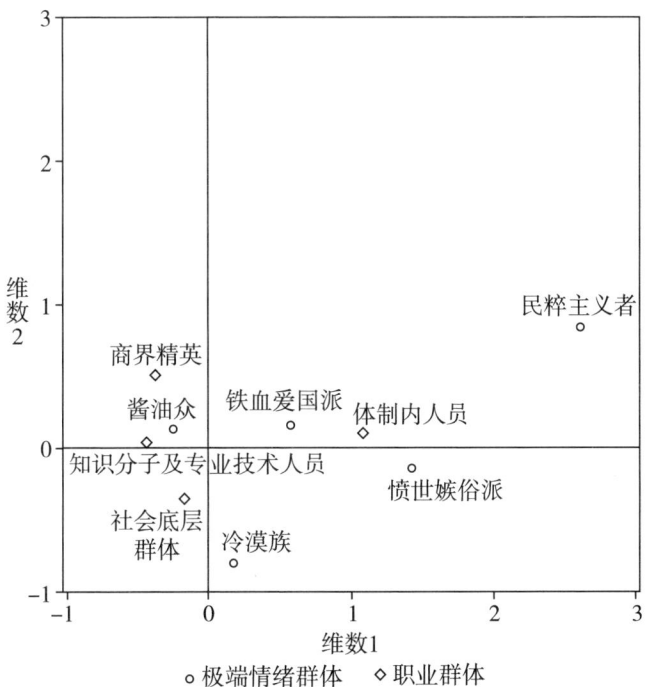

图 8-3　极端情绪群体与职业群体的对应分析图

六、网络极端情绪群体在网络上表达的政治态度

我们采用二元 logistic 回归模型，以"对体制的态度"（正面 =1）、"政治信任感"（信任 =1）这两个测量微博用户政治态度的指标为因变量，以网络极端情绪群体类型为核心解释变量，探讨网络极端情绪群体的政治态度（见表8-8）。极端情绪群体变量以"酱油众"为参照组，包括"冷漠族"、"铁血爱国派"、"愤世嫉俗派"、"民粹主义者"四个虚拟变量。控制变量包括性别、职业群体类型、微博活跃度和微博关注数。其中，职业群体类型以体制内人员为参照组，对应三个虚拟变量。微博活跃度是以编码日发微博数除以开博月份得出。微博活跃度和微博关注数均取对数。

表 8-8 网络极端情绪群体与政治态度的 logistic 回归结果

	对体制的态度（模型1）		政治信任感（模型2）	
	系数 β（标准误）	Exp（β）	系数 β（标准误）	Exp（β）
控制变量				
男（女=0）	−0.152（0.129）	0.859	0.046（0.123）	1.047
群体类型（以体制内人员为参照组）				
商界精英	−0.807***（0.178）	0.446	−1.031***（0.172）	0.357
专业技术人员与知识分子	−0.818***（0.130）	0.441	−0.835***（0.128）	0.434
社会底层群体	−1.009***（0.168）	0.365	−0.756***（0.158）	0.470
微博活跃度（取对数）	−0.058（0.052）	0.943	0.013（0.049）	1.013
微博关注数（取对数）	0.087（0.059）	1.091	0.082（0.055）	1.086
解释变量				
极端群体类型（以"酱油众"为参照组）				
"冷漠族"	0.095（0.155）	1.099	−0.490***（0.150）	0.612
"铁血爱国派"	0.494*（0.213）	1.639	1.283***（0.237）	3.608
"愤世嫉俗派"	−1.271***（0.383）	0.280	−0.879***（0.263）	0.415
"民粹主义者"	−0.336（0.443）	0.715	−1.691***（0.498）	0.184
−2Log likelihood	2081.437		2267.784	
Likelihood ratio	87.12		149.25	
BIC	−10988.961		−10760.287	
N	1760		1755	

注：* 表示 p<0.05，** 表示 p<0.01，*** 表示 p<0.001。括号内数字表示标准误。

对体制的态度模型（模型1）中，"铁血爱国派"和"愤世嫉俗派"变量的系数显著，对应的Exp（β）分别为1.639和0.280。即与"酱油众"相比，"铁血爱国派"对体制的态度为正面的发生比高出63.9%，"愤世嫉俗派"对体制的态度为正面的发生比低72.0%。"冷漠族"和"民粹主义者"变量则不显著。此外，控制变量中，商界精英、知识分子及专业技术人员和社会底层群体变量的系数均显著，且均为负，即商界精英、知识分子及专业技术人员和社会底层群体对体制的态度为正面的发生比均低于体制内人员。

政治信任感模型（模型2）中，"冷漠族"、"铁血爱国派"、"愤世嫉俗派"和"民粹主义者"的系数均显著，显著性水平均为0.001。其中，"铁血爱国派"的系数为正，对应的Exp（β）为3.608；"冷漠族"、"愤世嫉俗派"和"民粹主义者"的系数均为负，对应的Exp（β）分别为0.612、0.415和0.184。也就是说，与"酱油众"相比，"铁血爱国派"有政治信任感的发生比高出2.608倍，"冷漠族"、"愤世嫉俗派"和"民粹主义者"有政治信任感的发生比分别低38.8%、58.5%和71.6%。此外，控制变量中，商界精英、知识分子及专业技术人员和社会底层群体变量的系数均显著，且均为负，即商界精英、知识分子及专业技术人员和社会底层群体有政治信任感的发生比均低于体制内人员。

我们根据微博的文本内容，对不同类型群体的政治立场进行了质性分析，结论与回归模型的发现趋于一致。由于不同极端情绪群体的现实背景和关注焦点的不同，他们在网络上也呈现出不同的政治认同。

"酱油众"中很大一部分是中产及以上阶层的人群，他们关心的公共议题主要是教育、食品安全、环保等与个体利益相关的议题，以及反腐等热门议题，因此，"酱油众"对体制的不满主要源于此类社会问题，如有博主抱怨："层出不穷的地沟油、废皮鞋制药用胶囊等事件让国民民心不安……食品、药品、民生、腐败何时才能让国人得安宁？"（微博，RCLG-20120416）虽然"酱油众"对制度存在一些不满，但这一群体的态度总体倾向于积极正面，表达也较为理性平和，属于温和中间派。

"冷漠族"在职业分布上半数以上是知识分子及专业技术人员，如金融从业者、IT工程师、建筑师、艺术家等，他们与体制距离较远但并不反感体制。"冷漠族"关注的焦点大多是个人生活或与职业相关的信息，几乎不涉及公共议题，对于个别公共议题也是转发多于评论。这部分群体所处的行业大多是市场化程度较高的行业，他们期待更高的经济与政治开放度与自由度，对国家有正面期待，期望整个社会井然有序，排斥剧烈突变式的政治社会变迁，基本属于"温和右派"。

"铁血爱国派"具有一定的亲近体制的左派色彩。根据"铁血爱国派"关注焦点的不同，大致可以将其分为两类：第一类关注的焦点是对外关系，突出的特点是具有强烈的民族主义情绪，在对外关系和领土纠纷问题上态度强硬，对中国的军事力量有极高的自信。比如，在领土纠纷问题上，他们态度极为坚决："向主权国家领海派兵，还说不应视作侵略性举动。这话就是恬不知耻，一派胡言……严正警告菲律宾当局，中国捍卫国家主权和领土完整的决心和意志永远不会改变。"（微博，LJ-20121001）同时，在他们看来，国家和民族不等同于党和政府，所以，对内他们会批判政府，批判腐败、贫富差距等社会问题。第二类表现为政府的守卫者，对党和政府表现出强烈的拥护，对中国未来政治经济发展充满信心，有强烈的民族自豪感。例如，他们认为："是中国共产党使中华民族有今天的强盛！我坚信中国共产党领导的中华民族一定同样能战胜一切困难！"（微博，FSGM-20120914）在腐败问题上，他们倾向于将腐败的根源归于官员个人。总体来看，这两类人对民族国家均具有较高的认同，但是对政府的态度具有一定的差异。

"愤世嫉俗派"表现出强烈的社会不公平感，并将这种社会不公诉诸强势政府的压迫和制度的不公平，因此，这部分群体对政府有强烈的不满情绪，对体制的态度也最为负面。例如，在维权者中，职业病（尘肺病）维权和拆迁维权是最为典型的两种，他们将矛头直指政府，将自己的利益受损归于政府的压迫或不作为。如有尘肺病患者表示，"政府是欺软怕硬，尘肺病本来就应该政府买单"（微博，CFLPL-20131019）；拆迁维权者更是对政府充满愤恨,"政府与民争利导致强拆……这也是社会主义法治国家应该发生的事?政府你是谁,为了谁?"(微博,RZHB-20131228)除了维权者自身,作为维权者求助对象的律师和学者也往往会对政府发出质问,呼吁社会公平正义。如有学者批评道:"中国尘肺病问题,本质是政府失职所致……企业卸责的背后是监管不行、立法过宽,立法原则选择的是为富人服务的原则,漠视平民利益诉求。政府借'为人民服务'之名,行'为富人服务'之实。"(微博,WKQ-20131104)"愤世嫉俗派"的特点是:反感现有体制,强调民主、法治、自由、人权,且有明确的利益诉求,所以,这部分群体在政治立场上属于激进右派。

"民粹主义者"绝大多数是维权者、农民工和残疾人等社会底层群体,部分人遭遇侵权却又维权无门,因此,具有强烈的社会不安全感、不公平感,以及仇官、仇富情绪,他们当中对体制持负面态度的比例占80%。民粹主义者认为自己处于被压迫的地位,具有较强的阶级对立情绪,包括维权者强调的官民对立、权贵阶层与底层的对立、工人强调的劳资对立等;并且,对于这种"压迫"他们不只是抱怨或呼吁,而是具有了较强的抗争意识。"民粹主义者"会质疑当今巨大的贫富悬殊:"'朱门酒肉臭,路有冻死骨',这难道就是改革开放的'红利'吗?"(微博-ZGHJDD-20140423)提出"哪里有压迫哪里就有反抗,哪里有剥削哪里就有斗争"(微博,BJJS-20120720)这样的口号,并在行动上进行抗争。比如,一位农民工曾在微博中写道:"我已经决定了,中午不会再连班,我要午休……我们一定要学会反抗,不能像父辈一样任人压迫,不反抗他们就会得寸进尺。"(微博,HYY-20100613)总体来看,"民粹主义者"持有底层视角,富有反叛色彩,强调底层群体要活得有尊严,嘲讽现有体制"吃人不吐骨头"(微博,HYY10-20140513),对于贪腐更是痛恨不已,在政治立场上属于激进的草根左派。

七、网络极端情绪群体的网络行为特征

我们采用二元 logistic 回归模型来描述不同极端情绪群体的网络表达特征（见表 8-9）。网络行为包括"是否使用过网络暴力"（是 =1）和"是否使用微博进行抗议"（是 =1）两个变量。极端情绪群体变量以"酱油众"为参照组，包括"冷漠族"、"铁血爱国派"、"愤世嫉俗派"、"民粹主义者"四个虚拟变量。控制变量包括性别、职业群体类型、微博活跃度和微博关注数。其中，职业群体类型以体制内人员为参照组，对应三个虚拟变量。微博活跃度是以编码日发微博数除以开博月份得出。微博活跃度和微博关注数均取对数。

在是否使用过网络暴力的模型（模型 3）中，"铁血爱国派"、"愤世嫉俗派"和"民粹主义者"的系数均显著，显著性水平均为 0.001，对应的 Exp（β）分别为 4.946、9.456 和 21.789。即与"酱油众"相比，"铁血爱国派"、"愤世嫉俗派"和"民粹主义者"使用网络暴力的发生比分别高出了 3.946 倍、8.456 倍和 20.789 倍。"冷漠族"的系数不显著。

在是否使用微博进行抗议的模型（模型 4）中，"冷漠族"、"铁血爱国派"、"愤世嫉俗派"和"民粹主义者"的系数均显著。其中，"冷漠族"的系数为负，对应的 Exp（β）为 0.124；"铁血爱国派"、"愤世嫉俗派"和"民粹主义者"的系数均为正，对应的 Exp（β）分别为 1.797、12.503 和 22.902。也就是说，与"酱油众"相比，"冷漠族"使用微博进行抗议的发生比平均低 81.6%，"铁血爱国派"、"愤世嫉俗派"和"民粹主义者"使用微博进行抗议的发生比平均高出 79.7%、11.503 倍和 21.902 倍。此外，控制变量中微博活跃度的系数显著为正，即微博活跃度越高，使用微博进行抗议的发生比越高。值得注意的是，性别变量和群体类型的三个变量在两个模型中都不显著，这似乎意味着网络抗议和网络暴力与网络用户的现实身份无直接关系。或许，用户的现实身份通过影响其网络群体隶属而间接影响作为虚拟社会行为的网络表达。

表8-9 网络极端情绪群体与网络行为的 logistic 回归结果

	是否使用过网络暴力（模型3）		是否曾使用微博进行抗议（模型4）	
	系数 β（标准误）	Exp（β）	系数 β（标准误）	Exp（β）
控制变量				
男（女=0）	0.184（0.334）	1.202	0.168（0.181）	1.183
群体类型（以体制内人员为参照组）				
商界精英	0.641（0.472）	1.899	−0.210（0.248）	0.811
知识分子及专业技术人员	0.232（0.396）	1.262	0.323（0.178）	1.382
社会底层群体	0.628（0.404）	1.875	0.065（0.223）	1.067
微博活跃度（取对数）	0.202（0.120）	1.224	0.336***（0.071）	1.399
微博关注数（取对数）	0.105（0.143）	1.111	0.111（0.080）	1.117
解释变量				
极端群体类型（以"酱油众"为参照组）				
"冷漠族"	0.548（0.417）	1.730	−2.088***（0.461）	0.124
"铁血爱国派"	1.599***（0.380）	4.946	0.586*（0.237）	1.797
"愤世嫉俗派"	2.247***（0.363）	9.456	2.526***（0.272）	12.503
"民粹主义者"	3.081***（0.453）	21.789	3.131***（0.480）	22.902
−2Log likelihood	522.2848		1357.627	
Likelihood ratio	110.2		309.33	
BIC	−12548.1		−11670.4	
N	1760		1755	

注：* 表示 $p<0.05$，** 表示 $p<0.01$，*** 表示 $p<0.001$。

八、总结与讨论

本文以社会化媒体用户为中心，以用户的网络极端情绪表达为切入点，考察中国社会化媒体空间中的潜在群体类型，进而探讨各群体的客观背景特征以及各群体的政治态度和网络表达行动。基于微博用户在网络空间所表达的极端情绪，我们将其划分为"酱油众"、"冷漠族"、"铁血爱国派"、"愤世嫉俗派"和"民粹主义者"五类群体。"民粹主义者"更可能是 60 后及以前、受教育水平为大专（含高职）的网络用户，他们的政治立场上倾向于草根左派。"愤世嫉俗派"更可能是 70 后及以前、受教育水平为大专（含高职）或研究生的网络用户，他们的政治立场倾向于激进右派。"铁血爱国派"更可能是 70 后、受教育水平为本科生的网络用户，他们大体上属于亲体制左派。"冷漠族"更可能是 90 后、受教育水平为本科生的网络用户，他们的政治立场倾向于温和右派。"酱油众"以 70 后和 80 后为主，既包括研究生也包括高中及以下学历者，这一群体基本属于温和中间派。

在对体制的态度方面，"愤世嫉俗派"对体制的态度最为负面，"民粹主义者"、"酱油众"和"冷漠族"对体制的态度则居于中间位置，而"铁血爱国派"对体制的态度最为正面。在政治信任感方面，"民粹主义者"对政府的信任度最低，"铁血爱国派"对政府的信任度最高。四类极端情绪群体对政府的信任度均与"酱油众"有显著差别："冷漠族"、"愤世嫉俗派"和"民粹主义者"对政府的信任度都显著低于"酱油众"，而"铁血爱国派"对政府的信任度显著高于"酱油众"。

在网络行动方面，"民粹主义者"使用网络暴力和参与在线抗议的可能性均最高，其次是"愤世嫉俗派"，再次是"铁血爱国派"，这三类极端情绪群体采取网络行动的可能性均显著高于"酱油众"。"冷漠族"使用微博进行抗议的可能性显著低于"酱油众"。综合政治态度和网络行动可知，"冷漠族"在政治态度上倾向负面，但采取网络行动的可能性较低；"铁血爱国派"在政治态度上最为正面，同时在网络行动上也较为激进；"愤世嫉俗派"和"民粹主义者"在政治态度上倾向负面,同时在网络行动上最为激进,是最值得注意的两类极端情绪群体。比较"铁血爱国派"、"愤世嫉俗派"和"民粹主义者"这三种类型,可以发现:参与网络暴力和网络抗议与对政府和体制的态度之间并不存在一对一的关系,因此,网络暴力及抗议与网络政治态度这两者之间的关系值得进一步探究。

本研究的发现在一定程度上回应了关于中国网络暴力的争论。就群体的构成比例而言,"酱油众"占70%以上,"冷漠族"占14.11%,"铁血爱国派"占6.17%,而其中最值得关注的"民粹主义者"和"愤世嫉俗派"仅占2.06%和4.72%。对这些群体的质性分析进一步揭示,"酱油众"和"冷漠族"在人数上占绝大多数,这两个群体没有通过网络表达利益或政治诉求的动因。其次,对"愤世嫉俗派"和"民粹主义者"的进一步分析发现,尽管这两个群体大多有强烈的利益表达诉求和较高的网络活跃度,但只有"愤世嫉俗派"中的部分维权律师和学者具有较高的网络影响力,而"民粹主义者"的网络影响力则相当有限。考虑到"民粹主义者"有限的网络影响力以及"愤世嫉俗派"的群体规模较小,当前的网络戾气并非那么重。这一研究发现也进一步支持了网络民意不等于网络舆论的观点(郑雯、桂勇,2014)。可见,只有结合以事件为中心的网络舆论分析与以用户为中心的网络民意分析才能更全面地揭示中国网络社会的特征。

本研究表明,极端情绪这一"态度-情绪"复合体既是理解中国网络社会的重要切入点,也是一个不可忽视的研究议题。基于极端情绪划分的社会群体对应不同的现实社会背景、政治态度以及网络表达行为,这不仅表明网络极端情绪是具有区分度的概念,也表明网络极端情绪是理解众多网络现象的窗口。其次,极端情绪群体与政治态度的联系表明,互联网用户的政治态度与价值不仅具有认知的维度,也具有情感/情绪的维度。可见,对在线公共领域的研究要超越理性争论的假定,具体探讨网络情绪与认知之间的交互作用。在中国特殊的制度环境下,对网络极端情绪的研究尤其重要。由于政治参与渠道相对不足,即使在线参与也往往表现为表达性参与,而参与渠道和表达渠道的缺位也容易导致情绪化的争论以及基于政治立场的站队。从这个意义上说，网络用户表达性参与所释放出的极端情绪是理解中国网络用户整体的政治和社会心态的一个重要信号，对网络用户的网络极端情绪研究是理解中国网络社会走向的晴雨表。

最后，本研究存在一些局限。首先，本文仅分析了新浪微博用户的极端情绪，其他社会化媒体用户的极端情绪表达是否呈现类似的特征仍待探究。即，跨平台的比较研究是未来互联网研究的一个重要方向。其次，这里所分析的数据采取在线观察法进行收集，这意味着本文主要描绘了具有一定活跃度的微博用户的极端情绪表达及相关的特征，文章的研究发现，在多大程度上能推广到活跃度较低的微博用户有待进一步探究。最后，本文仅考察了为数不多的极端情绪测量指标，今后的研究可进一步拓宽研究范围，考察更多类型的网络极端情绪表达。

（作者：桂勇 李秀玫 郑雯 黄荣贵）[①]

[①] 原文刊载于《社会》2015年第5期。

第二节　转型社会中的政治信任与网络抗议

一、视角与问题

（一）政治信任与网络抗议

政治信任是公民与政治系统之间的一种互动，它涉及公民、政治系统与特定价值之间的特定关系，是民众基于理性思考、实践感知、心理预期等对政治制度、政府及政策、公职人员行为的信赖（刘昀献，2009）。政治信任作为一种研究视角，在西方大体可以分为"以政治信任为因变量"和"以政治信任为自变量"两大研究路径。前者主要探讨政治信任的来源、起源或解释因素，后者则主要探讨政治信任对于国家与社会之间的关系的影响，并发现其可能产生的后果。

网络抗议作为一种基于网络传播技术并带有中国关系特征的群体性利益表达，是网络用户政治参与的重要形式，也是政治传播研究的重要议题。"利益表达"是传播"社会协调"功能的体现（Lasswell，1948），转型期中国社会的网络抗议带有典型的"现实利益诉求"特征（于建嵘，2009；刘娜，2012），同时又带有中国特殊的国情政情。在西方，"利益表达"（个人或团体向政治决策者提出要求的过程）与"利益综合"（将要求转变为一般政策选择的过程）具有相对独立的结构对应物（徐桂权、任孟山，2010）；在中国，党、国家和社会关系是"三位一体"的权力组织网络（景跃进，2000），网络抗议不可避免地会涉及对国家、体制以及社会等的态度。

从政治社会学的角度来说，抗议类型本身与现有体制的关联性越高，人们对体制的态度越能影响到其参与此类抗议的积极性，"内含信任危机的公共事件是公众利益表达的焦点，权力－利益的逻辑与正当程序的逻辑交织在话语表达之中"（徐桂权，任孟山，2010）。那么，在转型期的中国社会，网络用户对于体制的态度是否会影响到网络抗议？如果有影响，会影响哪些类别的网络抗议？这些抗议存在哪些共性，有何规律可循？

(二)文献述评

就中国当前对于政治信任的研究来看,目前主要集中在第一条路径上,即从中国的视角出发探讨具有中国国情政情性质的政治信任特征。具体而言可以分为四个面向:第一,转型期中国的政治信任(闫健,2008;齐卫平,2009;上官酒瑞,2011;李连江,2013);第二,政体信任比较(Shi,2001;马得勇,2007);第三,中国乡村政治信任(胡荣,2007;孙昕等,2007;邱国良,2009);第四,社会群体政治信任(王向民,2009;吕傑华,2011;管玥,2012;后梦婷、翟学伟,2014)。这些研究主要是规范性研究,注重对于当前中国社会转型过程中所产生的"政治信任弱化现象"进行定性分层,阐释并提出一定的规范路径(刘昀献,2009;陈明明,2009);对于特定群体如农民、青年学生、城市居民的研究属于定量研究,但是存在"实证调查数据还较为缺乏,已有数据一般也没有公开"的问题(熊美娟,2010);有些研究注意到了媒介使用与群体政治信任之间的关系(王正祥,2009;张明新,2013),但仍集中在媒介对政治信任的影响上。

在第二条路径上,针对我国目前的政治信任对政治体制合法性、政府采取的政策策略同民众政治行为之间的关系,目前的研究现状"既是限于实证数据的缺乏,同时也是研究方法的不规范应用造成的"(熊美娟,2010)。

而另一方面,当前对网络抗议的研究主要仍是在类型学的层面上进行分析(谢金林,2012),研究面主要集中在对网络抗议的抗议对象、抗议诉求、抗议内容、抗议过程、抗议剧目(Tilly,1995)、抗议程度、抗议驱动以及抗议影响的研究。这种研究取向主要存在以下问题:第一,多为某单一群体单个或多个案例比较,缺乏在更高层面上的综合;第二,分类主要基于抗议的议题内容,而非内在逻辑,对新出现的抗议种源无法从已有的分类标准进行归类,导致抗议类型之间缺少联系,更无法穷尽;第三,缺少深入分析的概念工具。

本文基于复旦大学传播与国家治理研究中心完成的"中国网络社会心态调查(2014)"的数据,试图从政治信任研究的第二条路径入手,就网络用户的政治信任与网络抗议之间的相关关系进行较为深入的探讨。

二、研究设计

（一）合并抗议议题

根据中国社会科学院社会学研究所 2008 年主持的"中国社会状况综合调查"数据资料（以下简称 CGSS2008），对全国 28 个省 135 个县（县级市/区/旗）进行了"转型期中国社会变迁"的问卷调查。在该问卷中，问题 E2"中国目前最大的社会问题是什么"，共有"就业失业问题"、"看病难、看病贵"等 18 种社会问题；问题 C9a"个人及家庭目前所遭遇的生活压力"，共有"住房条件差，建/买不起房"、"医疗支出大，难以承受"等 13 类问题；问题 E1a"最近 5 年来是否遭遇到'征地拆迁不合理'"等 10 个问题。综合这 3 大类 41 个问题，合并并总结出 18 类抗议类型。合并后的抗议类型见表 8-10。

表 8-10 合并抗议议题

序号	抗议议题	涉及方面
1	收入分配（SR）	分配政策不合理；劳动纠纷；经济发展不平衡
2	住房问题（ZF）	住房条件差，建/买不起房；征地/拆迁/移民补偿不合理
3	环境问题（H）	环境污染影响居民生活；环保政策缺位；环保监管不力
4	食品安全（SP）	缺乏食品安全标准；食品监管不到位
5	医疗问题（Y）	看病难，看病贵；医德不高；医疗资源分配失衡
6	教育问题（JY）	教育费用高；教育资源分配不均；户籍限制
7	工作就业（GZ）	家人无业、失业或工作不稳定；户籍限制；性别歧视
8	交通出行（JT）	堵车；乱收费
9	法律制定（F）	法律制定不规范；法律法规滞后
10	民族政策（M）	民族政策高压；民族主义；聚集地资源分配失衡
11	城乡发展（C）	城乡资源分配不均；城乡歧视
12	权力运行（Q）	国家权力体系；政府人员司法不公，执法粗暴
13	信息公开（XX）	信息不透明；信息法律不健全
14	阶层固化（JC）	社会贫富差距；权力极化
15	国际局势（GJ）	独立自主态度；对敌对势力强硬
16	历史问题（L）	历史教科书书写；主权/领土争议
17	消费问题（XF）	物价上涨，影响生活水平
18	宗教问题（ZJ）	宗教政策高压；宗教极端主义

（二）确定样本类型

对网络抗议主体的研究一般分为两种情况：第一种情况是将网络抗议主体看作是一个模糊的整体，并不作细分；第二种情况是只进行某单一群体的网络抗议/抗争行为研究。但是这样的研究对于整体性的包含多种群体属性的互联网抗议缺乏必要的解释力。这一方面是受现有的社会调查技术限制，另一方面也存在此类信息的隐蔽性：抗议主体一般不愿意暴露自身的身份属性，这也为以群体标准研究互联网抗议表达设置了障碍。

此次调查项目组首先以现实社会的主要职业分类为标准，根据《中华人民共和国职业分类大典》和相关研究文献，选择数十类职业群体，并进一步将其归纳合并为四大类社会群体，覆盖知识分子及专业技术人员（如大学教授、律师、医生、记者、IT工程师等）、商界精英（如私营企业主、企业CEO等）、体制内人员（如公务员、军人等）和社会底层群体（如农民工、普通工人等）等。第二步利用新浪微博提供的搜索功能搜索相应的职业人群，并采用系统抽样的方式从中确定最终的抽样名单。为了最大限度地确保样本真正属于相应职业群体，项目组要求编码员在阅读样本的微博后对样本的职业状况作一总体判断，如果出现编码员实际判断与名义上的职业类别不符的情况，则用备选样本替代该样本。通过社交媒体确定样本及其类型也是此次调查的方法创新之一。

（三）政治信任测量

对政治信任的测量存在多种量表（梅祖蓉，2009；袁淑莉等，2012；孟天广，2014），但是这主要是对政治信任作为因变量的测量。如果将政治信任作为自变量与其他进行相关分析，需要对"政治信任"这一概念进行细分。在历时态上，政治信任可以分为传统、过渡和现代三种形态，其根本分野在于政治信任结构中的人格信任与制度信任的权重。中国社会目前处于转型期，其政治信任表现为人格信任逐渐消解，制度信任逐渐形成，即在现今中国社会，政治信任更多地表现为对于制度的信任（上官酒瑞，2011）。因此，本调查以"对体制的态度"来测量政治信任，分为正面 =1，负面 =-1，无从判断 =0。

（四）数据搜集过程

此次由复旦大学传播与国家治理研究中心完成的"中国网络社会心态调查（2014）"，历时 8 个月，对新浪微博上覆盖 4 大群体的 1800 个样本近两年间发布的所有微博是否进行这 18 类网络抗议，进行了追踪编码。本文首先通过因子分析将这 18 类网络抗议类型重新分类，然后通过多元回归分析发现政治信任与网络抗议类型之间的相关关系。以下为具体的研究过程与发现。

三、研究发现

（一）因子分析

对 18 类网络抗议议题作因子分析，结果显示，"住房问题"（ZF）和"国际局势"（GJ）类网络抗议不属于生成的 4 个公因子中的任何一个，且与其他 16 个变量相关度很低。在因子分析时，我们剔除了"住房问题"（ZF）和"国际局势"（GJ），保留了其他 16 类网络抗议议题。

这 16 类网络抗议议题经过主成分分析法（Principal components analysis）和具有 Kaiser 标准化的正交旋转法分析后，取样足够度的 KMO 度量值是 0.904，Bartlett 的球形度检验的显著性水平 Sig=0.000，适合作因子分析。对这 16 类网络抗议变量进行因子分析，各变量的初始取值为"1 经常"、"2 偶尔"、"3 从不"（分析结果见表 8-11）。

表 8-11　16 类网络抗议的因子分析

是否就问题提出抗议	F1	F2	F3	F4
SR	0.536	0.358	0.109	−0.140
H	0.250	0.686	0.103	0.060
SP	0.169	0.720	0.146	−0.020
Y	0.201	0.633	−0.095	0.111
JY	0.209	0.705	0.071	0.164

续表

是否就问题提出抗议	F1	F2	F3	F4
GZ	0.177	0.555	0.107	0.104
JT	0.012	0.313	0.023	0.687
F	0.806	0.260	0.114	0.127
M	0.316	0.053	0.686	0.003
C	0.642	0.232	0.147	0.009
Q	0.769	0.271	0.113	0.136
XX	0.868	0.120	0.147	0.033
JC	0.838	0.200	0.126	0.108
L	0.217	0.343	0.466	0.297
XF	0.094	−0.017	0.041	0.806
ZJ	0.055	0.053	0.826	−0.002
解释方差的百分比	23.5	17.5	9.5	8.3
KMO	0.904			

说明：① N=1661；② 提取方法：主成分法；③ 旋转法：具有 Kaiser 标准化的正交旋转法。

分析结果抽取了 4 个主成分因子，且这 4 个因子的累计方差贡献率达到了 58.8%。从经方差最大正交旋转得到的 4 个因子可以看出，第一个公因子 F1 基本支配了 SR、F、C、Q、XX、JC；第二个公因子 F2 基本支配了 H、SP、YL、JY、GZ；第三个公因子 F3 基本支配了 M、L、ZJ；第四个公因子 F2 基本支配了 JT、XF（新产生的 4 个因子类型与其支配因子见表 8-12）。

表 8-12　重新组合后的网络抗议因子类型及其支配因子

因子类型	支配因子	因子类型	支配因子
F1 资源权力型	是否就收入分配提出抗议 是否就法律制定提出抗议 是否就城乡发展提出抗议 是否就权力运行提出抗议 是否就信息公开提出抗议 是否就阶层固化提出抗议	F3 价值观念型	是否就民族政策提出抗议 是否就历史问题提出抗议 是否就宗教问题提出抗议

续表

因子类型	支配因子	因子类型	支配因子
F2 公共论题型	是否就环境问题提出抗议 是否就食品安全提出抗议 是否就医疗问题提出抗议 是否就教育问题提出抗议 是否就工作就业提出抗议	F4 个人困扰型	是否就交通出行提出抗议 是否就消费问题提出抗议

F1 的支配因子大多都集中在资本、收入、权力等社会重要资源方面，而且在信息社会中，信息的公开程度也决定了其是否也可以作为一种重要的资源被垄断，造成社会中的信息不对称。因此，我们将 F1 命名为"资源权力型网络抗议"。

F2 的支配因子主要集中在"社会结构中的共同论题"（米尔斯，1959），并且主要与民生相关。与现代性的发展相伴，"风险社会"的到来使得社会生活中的不确定性增强，民生议题涉及现代生活的环境、食品、医疗、教育、工作方面，涉及具有一定普遍处境的组织与个人，并与宏观环境重合渗透。公众在遇到此类事件时往往可以在互联网公共平台集体"吐槽"，相似的处境会唤起集体性的认同，并由此建构起抗议话题。因此，我们将 F2 命名为"公共论题型网络抗议"。

F3 的支配因子集中在民族政策、历史问题与宗教问题，相比较 F1 对资源权力等物质基础的支配，F3 则主要覆盖了在价值观念、意识形态与思想观点方面的因子，体现了在精神或者非物质领域的抗议主题。因此，我们将 F3 命名为"价值观念型网络抗议"。

与 F2 的公共论题相对，F4 主要支配了与个人困扰相关的抗议类型。交通出行与消费问题主要体现在网络用户的日常生活中，堵车、乱收费、涨价等会影响到生活幸福感。因此，我们将 F4 命名为"个人困扰型网络抗议"。

（二）多元回归分析

在对 16 类网络抗议类型进行因子分析后提取到了 4 个公因子。为了确定各类型抗议与网络用户对体制的态度之间的关系，本文以 F1 为因变量、网络用户对体制的态度为解释变量（作为虚拟变量，参照组为负面）、其他人口特征变量为控制变量作多元回归分析（结果见表8-13）。

表8-13 多元回归分析

	F1		F2		F3		F4	
	非标准化系数（标准误）	标准系数	非标准化系数（标准误）	标准系数	非标准化系数（标准误）	标准系数	非标准化系数（标准误）	标准系数
常量	-.828***（0.133）	——	-0.179（0.131）	——	-0.259（0.168）	——	-0.207（0.144）	——
控制变量								
性别（女性=1）	0.231*（0.105）	0.082	-0.018（0.104）	-0.007	0.062（0.132）	0.019	-0.051（0.114）	-0.018
年龄								
70后	-0.042（0.118）	-0.018	-0.001（0.117）	-0.001	0.010（0.149）	0.004	0.303*（0.128）	0.126
80后	0.300**（0.108）	0.141	0.253*（0.107）	0.126	0.161（0.137）	0.064	0.173（0.118）	0.080
90后	0.313（0.194）	0.066	0.320（0.191）	0.071	0.150（0.245）	0.027	0.362（0.211）	0.075
群体类型								
社会底层群体	0.136（0.138）	0.042	-0.249（0.137）	-0.081	0.039（0.175）	0.010	-0.076（0.151）	-0.023
知识分子及专业技术人员	0.010（0.098）	0.005	-0.104（0.096）	-0.052	-0.181（0.123）	-0.071	-0.120（0.106）	-0.055
商界精英	0.489***（0.134）	0.156	0.128（0.132）	0.043	0.009（0.169）	0.003	-0.001（0.146）	0.000
专业背景								
理科	0.220**（0.082）	0.101	-0.006（0.081）	-0.003	0.225*（0.103）	0.087	0.085（0.089）	0.038
医科	0.544**（0.210）	0.097	-0.792***（0.207）	-0.150	0.737**（0.265）	0.111	0.099（0.228）	0.017

续表

	F1		F2		F3		F4	
	非标准化系数（标准误）	标准系数	非标准化系数（标准误）	标准系数	非标准化系数（标准误）	标准系数	非标准化系数（标准误）	标准系数
解释变量								
对体制的态度（正面=1）	0.571***（0.082）	0.265	0.182*（0.081）	0.089	0.142（0.103）	0.056	0.094（0.089）	0.043
R-square	0.140		0.065		0.030		0.018	
N	664		664		664		664	

注：

1. * 表示 $p \leq .05$；** 表示 $p \leq .01$；*** 表示 $p \leq .005$；
2. 因变量为16类网络抗议行为变量经因子分析后得到的因子一"资源权力"，因子二"公共论题"，因子三"价值观念"，因子四"个人困扰"，原16个变量的取值为：1=经常，2=偶尔，3=从不；
3. 控制变量中年龄的参考变量为：50后、60后，专业背景的参考变量为：文科；
4. 解释变量群体类型的参考变量为：体制内人员。

由表8-13可知，在回归模型一中，"对体制的态度"显著作用于"资源权力型网络抗议"（达到0.005的显著性水平），且对体制的态度的标准化回归系数最高（0.265），这表明对体制的态度对F1的影响比模型中其他控制变量和解释变量的影响力更大一些，对体制的态度偏正面的人较负面而言更少参与"资源权力型网络抗议"。这一回归模型的解释力R方为14.0%，说明该模型可以解释因变量F1的14.0%。

在回归模型二中，在控制了其他人口特征变量后，"对体制的态度"显著作用于"公共论题型网络抗议"（达到0.05的显著性水平），"对体制的态度"的标准化回归系数为0.089；在回归模型三中，控制了其他人口特征变量后，"对体制的态度"与"价值观念型网络抗议"的关系不显著，标准化回归系数仅为0.056；回归模型四中这一系数仅为0.043。

可见，"对体制的态度"对"资源权力型网络抗议"影响较大，"公共论题型网络抗议"次之,而对"价值观念型网络抗议"和"个人困扰型网络抗议"影响有限。

四、结论与讨论

(一)结论

16类网络抗议通过因子分析可以重新划分为4类因子。根据这4类因子对16类网络抗议的覆盖情况,分别命名为"资源权力型网络抗议"、"公共论题型网络抗议"、"价值观念型网络抗议"以及"个人困扰型网络抗议"。

"资源权力型网络抗议"不仅涉及物质实在的资源资本、阶层权力等,还涉及了信息资源的分布与分配;"公共论题型网络抗议"的支配因子多涉及关于环境、医疗、食品等风险社会中的公共议题;"价值观念型网络抗议"基本覆盖了民族、宗教和历史问题;而交通与消费构成了"个人困扰型网络抗议"的主体。

以"对制度的态度"为表现形式的政治信任对于"资源权力型网络抗议"和"公共论题型网络抗议"具有显著影响。对于制度有更多信任的群体更少参与"资源权力型网络抗议"和"公共论题型网络抗议",网络用户对于制度的态度体现在了实际的政治参与行动中。

"资源权力型网络抗议"与群体类型显著相关。在"资源权力型网络抗议"中,4大群体中的"商界精英"群体最不会参与此种类型的网络抗议。模型一中群体属性中的商界精英对参与网络抗议有显著正向影响,其标准化回归系数(0.156)亦大于群体属性为"社会底层"和"知识分子及专业技术人员"的标准化回归系数(分别为0.042和0.005)。这说明相对于体制内人员而言,商界精英更少参与网络抗议。"资源权力型网络抗议"的因子分布大多都落在了资源与权力方面,作为商界精英,处于社会的中间及以上阶层,为维护自身的权利与利益,会自发地规避政治风险,对于此类型的抗议会更少地参与。

(二）讨论

学科背景与网络抗议类型之间的关系有待进一步研究。在模型一中，医科和理科专业背景的个体较文科背景的个体而言更少参与网络抗议（均达到0.01的显著性水平）。在模型二中，医科专业背景的个体对此种网络抗议有显著负向影响，其标准化回归系数（为 -0.150）小于理科（为 -0.003），说明医科专业背景的个体更多的会参与此种类型的网络抗议。在模型三中，医科（达到0.01的显著性水平）和理科专业背景的个体较文科背景的群体而言更少参与此类网络抗议，并且医科专业背景的个体的标准化回归系数大于理科，可见更少参与。

综合模型一"资源权力型网络抗议"、模型二"公共论题型网络抗议"、模型三"价值观念型网络抗议"来看，模型二涉及健康科学知识的普及，如环境问题中的雾霾（PM 2.5）、食品安全中的专业术语、转基因食品、医疗问题等，因此，具有较高专业背景的医科个体更能够明白不同问题背后隐藏的问题所在，因此在其他问题上一直"沉着理性"的医科个体会更多地参与此种类型的网络抗议。而模型三涉及的问题与国家、民族、宗教等价值观念相关，而以科学技术为主要价值倾向的群体较少会对这些问题发起抗议。一方面与他们的科技专业背景相关，另外也与从事科学研究的群体更能够兼容并包相关。

世代与网络参与的关系有待进一步研究。在模型四中，70后与此类型的网络抗议有一定的正向影响，并且标准化回归系数（0.126）也是年龄这一控制变量中最高的，可见，相对50后、60后，70后较少参与模型四类型的抗议。模型四主要是一些交通出行与个人消费类型的抗议，属于个人困扰。70后目前属于社会中的中坚力量，会选择较为舒适的出行方式，消费能力也是最强的，因此也可以理解70后较少参与个人困扰型网络抗议。

80后个体较其他年龄段更少参与"资源权力型网络抗议"（达到0.01的显著性水平），同时也更少参与"公共论题型网络抗议"，虽然并非特别显著。联系其他年龄的代际表现，80后似乎对于公共事务比较冷淡，究竟是受工作生活压力所迫无暇顾及，还是对于未来仍不甚明了以至于反应冷漠，抑或是该年龄群体更关注个体内心生活，需更多的经验实证材料做进一步研究。

政治信任或成为研究网络抗议的新切入点。本研究的结论表明，以"对制度的态度"为表现形式的政治信任对于"资源权力型网络抗议"和"公共论题型网络抗议"具有显著影响。同时，这其中仍有进一步推进的空间。首先，政治信任具有不同面向，如经济学角度的理性选择解释、社会学和社会心理学角度的文化解释以及结合以上两种路径的发展模型等，是否所有的政治信任模式对于"资源权力型网络抗议"和"公共论题型网络抗议"都具有显著影响？其次，政治信任在转型社会中是一个变迁式的概念，存在从人格信任到制度信任的转型。就中国的具体实践而言，现阶段对于网络抗议的影响，是人格信任更为显著还是制度信任更为显著？再次，政治信任还应该包含"政治不信任"与"政治冷漠"（曹沛霖，2009），这两种形态的政治信任对于网络抗议的影响如何，仍有待进一步研究。

（作者：方师师　郭文丰）[①]

[①] 原文刊载于《新闻大学》2014年第6期。

结　语　如何更加准确地把握网络民意

根据互联网络信息中心 2016 年 12 月发布的最新报告，中国网络用户规模达 7.31 亿、互联网普及率超过 50%，"网络民意"已成为当前中国社会民意表达的重要渠道，成为党政领导者了解社情民意的重要来源，对现实政治乃至具体的国家公共决策产生实质性影响。一方面，这种由大众直接表现出的民意相比于传统方式反映的民意更具有扁平化特征；另一方面，面对同样的外部刺激，网络用户会投入更大的心理能量作出反应，并更易产生网络上的群体聚合效应。从这个意义上说，网络民意不仅成为党和国家判断民意强度的重要指标，更蕴涵着巨大的社会能量。如何更加科学、准确、全面地把握网络民意，意义重大。

现有网络民意测量集中表现为网络舆情分析，以互联网上的热点事件为研究对象。从早期的"孙志刚事件"、"最牛钉子户"、"三聚氰胺"、"躲猫猫"、"杭州飙车案"到近几年发生的"快播涉黄事件"、"招远事件"、"昆明暴恐袭击"等，网络用户通过"灌水"、"跟帖"、"拍砖"、"转发"、"评论"等多种手段，迅速形成规模大、影响广、力度强的网络舆情。相关舆情调查则通过数据挖掘技术实时抓取新闻、论坛、微博、博客等互联网数据，针对具体事件判定舆情走势、评估网络用户观点与情绪，从而为妥善处置舆情事件提供数据参考。

不可否认，网络舆情调查作为反应网络民意的重要窗口，为国家公共决策的价值取舍、利弊权衡提供了有效依据。不少舆情事件的确引起了网络用户的普遍关注与重视，反映了真实的民意取向，但也有部分"网络舆情"商业化味道浓厚；部分"网络舆情"推手不少；部分"网络舆情"由特定人群反复发声而起。对网络民意的研判，一不小心就会被"水军"炮制的虚假民意蒙蔽，被群体极化现象中激烈发声的少部分人影响。当少数人的声音被不成比例地放大，同一立场或同一议题关注者借助互联网快速集结，在相关问题上频繁发声，造成"同类聚集效应"，以浩荡的声势给人一种占据舆论主流的错觉。由此呈现出网络戾气重、网络抗议频繁、网络极端情绪突出、官民对立严重等表象，其在多大程度上真实反映了"网络民意"，又在多大程度上代表了中国互联网空间的公共理性发展水平，值得反思。

事实上，现有民意调查存在的困境和问题，关键在于我们能否找到真正的"网络用户"。在过去，"发声"既是一种权利，也是一种权力；但在互联网给每个人都提供了发声条件的今天，发声更多成为一种可供选择的权利。换句话说，众多网络热点事件中既有"活跃分子"，也有"沉默的大多数"，大量网络用户可能关心并思考着相应问题，但并不会就每个具体"事件"或"议题"发表言论。这意味着，"网络舆情"不等于"网络民意"，我们不仅要从热点事件、热门议题等舆情现象出发研究"网络民意"的极端现象，也要从"人"的路径切入，以真实存在的普通网络用户为研究对象，关注其长期的、稳定的观点和态度倾向，从更一般的日常网络表达中探索网络用户的深层心态与实际意愿，从而更深刻地理解中国网络空间的宏观舆论生态现状。这是我们以网络用户（而不是网络事件）作为数据收集和研究分析单位的原因，也是我们做网络社会心态调查（2014）的研究初衷。

我们认为，伴随网络传播权力结构呈现多元化与分化的趋势，前几年网络舆论生态中少量中心节点一呼百应的"单中心"现象越来越少，普通网络用户的注意力更多地投入到分化、分散的不同议题与不同人物上。同时，普通网络用户自身的独立思考日益明显，通过对网络世界的长期观察和对真假相间的网络信息的反复甄别，亦逐渐成熟与理性化，由此也反过来迫使网络中心节点与普通网络用户发生双向互动，并在整体上促进网络自身的纠偏能力。从更宏观的层面看，中国的互联网空间正逐步进化成一个更为理性、更为平衡的生态场。

总之，网络民意有着丰富复杂的面向，对于紧跟热点事件、热门议题的舆情分析，我们在肯定其巨大价值的同时也需要注意，是否过于关注一些极端群体而忽略了更多的相对沉默的理性思考者和相对温和的中间派。网络民意测量要不断尝试运用更加充分的信息和更为全面的方法。与此相应的是，如何引起那些相对沉默的理性思考者和相对温和的中间派的共鸣，获取他们的支持，将成为把握和引导网络民意的关键所在。

研究中国网络民意，任重道远。

参考文献

Bartholomew, D., Steele, F., Moustaki, I., & Galbraith, J.. 2002. *The Analysis and Interpretation of Multivariate Data for Social Scientists*, London: Chapman & Hall.

Best, S. J. & Krueger, B. S.. 2005. "Analyzing the representativeness of Internet political participation", *Political Behavior*, 27（2）: 183-215

Bickford, S.. 2011. "Emotion Talk and Political Judgment", *The Journal of Politics*, 73: 1025-1037.

Bollen, J., Mao, H. N., & Zeng, X. J. 2011. "Twitter Mood Predicts the Stock Market", *Journal of Computational Science*, 2: 1-8.

Bolton, R. N., Parasuraman, A., Hoefnagels, A., Migchels, N., Kabadayi, S., Gruber, T., ... & Solnet, D. 2013. "Understanding Generation Y and their use of social media: A review and research agenda", *Journal of Service Management*, 24（3）: 245-267.

Conger, J. A., & Kanungo, R. N.. 1998. "The Empowerment Process: Integrating Theory and Practice", *The Academy of Management Review*, 13（3）: 471-481.

Dahlgren, P..2009. *Media and political engagement: Citizens communication and democracy*, Cambridge: Cambridge University Press.

Damm, J.. 2007. "The Internet and the Fragmentation of Chinese Society", *Critical Asian Studies*, 39（2）: 273 - 294.

Egri, C. P., & Ralston, D. A.. 2004. "Generation cohorts and personal values:

A comparison of China and the United States", *Organization Science*, 15（2）: 210-220.

Esarey, A. & Xiao, Q.. 2008. "Political expression in the Chinese blogosphere: Below the radar", *Asian Survey*, 48（5）: 752-772

Farrell, H.. 2012. "The Consequences of the Internet for Politics", *Annual Review of Political Science*, 15（1）: 35-52.

Font, M. C., & Gil, J. M.. 2008. "Consumer Acceptance of Genetically Modified Food（GM）in Spain: A Structural Equation Approach", *Risk Management*, 10（3）: 194-204.

Garrett, R.K.. 2006. "Protest in an Information Society: A Review of Literature on Social Movements and New ICTs", *Information Communication & Society*, 9（2）: 202-224.

Gleiss, M. S.. 2015. "Speaking up for the suffering（br）other: Weibo activism, discursive struggles, and minimal politics in China", *Media Culture & Society*, 37（4）: 513-529.

Gray, A. J.. 2004. "Ecology and Government Policies: The GM Crop Debate", *Journal of Applied Ecology*, 41（1）: 1-10.

Guan, W., et al.. 2013. "Analyzing user behavior of the micro-blogging website Sina Weibo during hot social events", *Physica A Statistical Mechanics & Its Applications*, 395（4）: 340-351.

Hargittai, E. 2002. "Second-level digital divide: Differences in people's online skills", *First monday*, 7（4）

Harris, B. D., Morgan, C. V. & Gibbs, B. G.. 2014. "Evidence of political moderation over time: Utah's immigration debate online", *New Media & Society*, 16（8）: 1309-1331.

Herold, D. K., & deSeta, G.. 2015. "Through the Looking Glass: Twenty Years of Chinese Internet Research", *The Information Society*, 31（1）: 68-82.

Huang, R. G., & Sun, X. Y.. 2014. "Weibo network, information diffusion and implications for collective action in China", *Information, Communication & Society*, 77（1）: 86-104.

Hung, C. F.. 2006. "The politics of cyber participation in the PRC: The implications of contingency for the awareness of citizens' rights", *Issues & Studies*, 42（4）: 137-173

Hyun, K. D., & Kim, J.. 2015. "The role of new media in sustaining the status quo: online political expression, nationalism, and system support in China", *Information Communication & Society*, 18（7）: 766-781.

Jacobs, L. R., Cook, F. L., & Delli Carpini, M. X.. 2009. *Talking together: Public deliberation and political participation in America*, Chicago, IL: University of Chicago Press.

Jennings, M.K., & Zeitner, V.. 2003. "Internet use and civic engagement-A longitudinal analysis", *Public Opinion Quarterly*, 67（3）: 311-334

Jones, S., & Fox, S.. 2009. *Generations online in 2009*, Washington, D.C.: Pew Internet & American Life Project.

Kluver, R., & Yang, C.. 2005. "The Internet in China: A Meta-Review of Research", *The Information Society*, 21（4）: 301-308.

Kupperschmidt, B. R.. 2000. "Multigeneration employees: Strategies for effective management", *The health care manager*, 19（1）: 65-hyhen.

Lasswell, H.. 1964. "The Structure and Function of Communication in Society", in Lyman Bryson（Eds.）. *The Communication of Idea*, New York: reprinted by Cooper Square Publishers Inc..

Lee, R., & Wellman, B.. 2012. *Networked: The New Social Operating System*, Cambridge: MIT Press.

Lei, Y. W.. 2011. "The political consequences of the rise of the Internet: Political beliefs and practices of Chinese netizens", *Political Communication*, 28

(3): 291-322

Lenhart, A., Purcell, K., Smith, A., & Zickuhr, K.. 2010. "Social media and young adults", *Pew Internet & American Life Project*, 3.

Lin, Q., Han, L., Chiu, C. Y., & Pan, L.. 2014. "Online Collective Behaviors in China: Dimensions and Motivations", *Political Psychology*, 22: 1-25.

Liu, F.. 2011. "From Political Indifference to Vehement Nationalism: Chinese Young People Negotiating the Political Self in the Internet Age", *in Fengshu Liu, Urban youth in China: modernity the internet and the self*, New York: Routledge.

Livingstone, S.. 2008. "Learning the lessons of research on youth participation and the internet", *Journal of youth studies*, 11 (5): 561-564

Magidson, J., & Vermunt J. K.. 2003. "Comparing latent class factor analysis with the traditional approach in data mining statistical innovations", in Hamparsum Bozdogan (ed.). *Statistical Data Mining and Knowledge Discovery*, New York: Chapman and Hall.

Maio, G. R., Olson, J. M., Bernard, M. M., & Luke, M. A. 2003. "Ideologies, Values, Attitudes, and Behavior", in John Delamater (ed.). *Handbook of Social Psychology*, New York: Kluwer Academic/Plenum Publishers.

Mehra, B., Merkel, C., & Bishop, A. P.. 2004. "The Internet for Empowerment of Minorityand Marginalized Users", *New media & Society*, 6(6): 781-802.

Mou, Y., Atkin, D., & Fu, H.. 2011. "Predicting Political Discussion in a Censored Virtual Environment", *Political Communication*, 28 (3): 341-356.

Noesselt, N.. 2013. "Microblogs and the Adaptation of the Chinese Party-State's Governance Strategy", *Governance*, 27(3): 449-468.

Nofsinger, J. R.. 2005. "Social Mood and Financial Economics", *The Journal of Behavioral Finance*, 6 (3): 144-160.

Oblinger, D., & Oblinger, J. 2005. "Is it age or IT: First steps toward understanding the net generation", *Educating the net generation*, 2 (1-2): 20.

Orton-Johnson, K., & Prior, N.. 2013. *Digital sociology: critical perspectives*, New York: Palgrave Macmillan.

Papacharissi, Z., & de Fatima Oliveira, M.. 2012. "Affective News and Networked Publics: The Rhythms of News Storytelling on Egypt", *Journal of Communication*, 62（2）: 266-282.

Parry, E., & Urwin, P.. 2011. "Generational differences in work values: A review of theory and evidence", *International Journal of Management Reviews*, 13（1）: 79-96.

Perkins, D. D., & Zimmerman, M. A.. 1995. "Empowerment Theory, Research, and Application", *American Journal of Community Psychology*, 23（5）: 569-579.

Pu, Q. Y., & Scanlan, S. J.. 2012. "Communicating injustice? Framing and online protest against Chinese government land expropriation", *Information Communication and Society*, 15（4）: 572-590.

Rappaport, J.. 1987. "Term of Empowerment/Exemplars of Prevention: Toward a Theory for Coming Psychology", *American Journal of Community Psychology*, 15（2）: 121-148.

Rauchfleisch, A., & Schäer, M. S.. 2015. "Multiple public spheres of Weibo: a typology of forms and potentials of online public spheres in China", *Information, Communication & Society*, 18（2）: 139-155.

Recuber, T.. 2015. "Occupy empathy? Online politics and micro-narratives of suffering", *New Media & Society*, 17（1）: 62-77.

Rogers, E. M., & Singhal, A.. 2003. "Empowerment and Communication: Lessons Learned from Organizing for Social Change", *Communication Yearbook*, 27（3）: 67-85.

Rohrmann, Bernd & Ortwin Renn. 2000. "Risk Perception Research: An Introduction", in Ortwin Renn and Bernd Rohrmann (eds.), *Cross-Cultural*

Risk Perception: A Survey of Empirical Studies. Dordrecht: Kluwer Academic Publishers, 14.

Schaie, K. W.. 1965. "A general model for the study of developmental problems", *Psychological bulletin*, 64（2）: 92.

Shah, D. V., Cho, J., Eveland, W. P., Jr., & Kwak, N.. 2005. "Information and expression in a digital age: Modeling Internet effects on civic participation", *Communication research*,（32）: 531-565

Shi, T. J.. 2001. "Cultural Values and Political Trust: A Comparison of the People's Republic of China and Taiwan", *Comparative Politics*, 33（4）: 401.

Slovic, P.. 2000. *The Perception of Risk*, London: Earthscan Publications Ltd.

Small, T. A.. 2011. "What the Hashtag?", *Information Communication & Society*, 14（6）: 872-895.

Stieglitz, S., & Linh, D.X.. 2013. "Emotions and Information Diffusion in Social Media—Sentiment of Microblogs and Sharing Behavior", *Journal of Management Information Systems*, 29（4）: 217-248.

Sullivan, J.. 2014. "China's Weibo: Is faster different?", *New Media & Society*, 16（1）: 24-37.

Svensson, M.. 2014. "Voice, power and connectivity in China's microblogosphere: Digital divides on SinaWeibo", *China Information* 28（2）: 168-188.

Tai, Zixue. 2006. *The Internet in China: Cyberspace and Civil Society*, New York: Routledge.

Tilly, C.. 1995. *Popular Contention in Great Britain, 1758—1834*, Cambridge: Cambridge University Press.

Tong, J., & Zuo, L.. 2014. "Weibo communication and government legitimacy in China: A computer-assisted analysis of Weibo messages on two mass incidents", *Information Communication & Society*, 17（1）: 66-85.

Tong, Y., & Lei, S.. 2013. "War of Position and Microblogging in China", *Journal of Contemporary China*, 22（80）: 292–311.

Twenge, J. M.. 2010. "A review of the empirical evidence on generational differences, in work attitudes", *Journal of Business and Psychology*, 25（2）: 201–210.

Twenge, J. M., Campbell, S. M., Hoffman, B. J., & Lance, C. E.. 2010. "Generational differences in work values: Leisure and extrinsic values increasing, social and intrinsic, values decreasing", *Journal of Management*, 36（5）: 1117–1142.

Wu, A. X.. 2014. "Ideological Polarization over a China-as-Superpower Mind-set: An Exploratory Charting of Belief Systems among Chinese Internet Users, 2008–2011", *International Journal of Communication*, 8: 2243–2272.

Yan Yunxiang. 2012. "Food Safety and Social Risk in Contemporary China", *The Journal of Asian Studies*, 71（1）: 705–729.

Yang, G.. 2009. *The power of the Internet in China: Citizen activism online*, New York: Columbia University Press.

Yang, G.. 2013. "Contesting food safety in the Chinese media: Between hegemony and counter-hegemony", *The China Quarterly*, 214: 337–355.

Yardi, S. & Boyd, D.. 2010. "Dynamic Debates: An Analysis of Group Polarization Over Time on Twitter", *Bulletin of Science, Technology & Society*, 30（5）: 316–327.

Zhang, L., & Pentina, I.. 2012. "Motivations and Usage Patterns of Weibo", *Cyberpsychology, Behavior, and Social Networking*, 15（6）: 312–317.

E. 舒尔曼.1995.科技文明与人类未来[M].北京：东方出版社，1995.

白舒婕.2014.转基因，离我们有多近？[J].农村.农业.农民（B版），（8）：16–17.

蔡前.2009.以互联网为媒介的集体行动研究：基于网络的视角[J].求实，

（2）：44-48.

曹沛霖.2009.社会转型中的政治信任与政治不信任政治学分析视角[J].中国浦东干部学院学报,（4）：45-46.

常倩.2012.社会转型与当前社会心态失衡现象研究[J].华南师范大学学报（社会科学版）,（5）：159-162.

陈坚、连榕.2011.代际工作价值观发展的研究述评[J].心理科学进展,19（11）：1692-1701.

陈明明.2009.为什么政治信任成为一个问题[J].中国浦东干部学院学报,（4）：55-56.

陈树强、增权.2003.社会工作理论与实践的新视角[J].社会学研究,28（5）：70-83.

陈玉明、崔勋.2004.代际差异理论与代际价值观差异的研究评述[J].中国人力资源开发,（13）：43-48.

程丹.2013.微博中草根群体话语权的缺失[J].编辑之友,（3）：64-65.

代玉梅.2010.自媒体的传播学解读[J].新闻与传播研究,（5）：4-11.

戴维·伊斯顿.1999.政治生活的系统分析[M].北京：华夏出版社.

杜俊飞等.2015.虚拟社会管理的若干基本问题[J].当代传播,（1）：4-9.

段永朝.2009.互联网：碎片化生存[M].北京：中信出版社.

范斌.2004.弱势群体的增权及其模式选择[J].学术研究,22（12）：73-78.

弗朗西斯·福山.刘榜离等译.2002.大分裂：人类本性与社会秩序的重建[M].北京：中国社会科学出版社.

高尚、林升栋、翁路易、梁玉麒、宋玉蓉、赵成栋.2013.基于身份识别对中国微博活跃用户的分群研究[J].现代传播（中国传媒大学学报）,10：116-121.

管玥.2012.政治信任的层级差异及其解释：一项基于大学生群体的研究[J].公共行政评论,（2）：67-99.

何明升、白淑英.2008.网络互动从技术环境到生活世界[M].北京：中国社会科学出版社.

何威. 2011. 网众传播：一种关于数字媒体、网络化用户和中国社会的新范式 [M]. 北京：清华大学出版社.

亨利·法雷尔著. 郑颖等编译. 2013. 互联网对政治的影响 [J]. 国外理论动态,（1）：96-105.

后梦婷、翟学伟. 2014. 城市居民政治信任的形成机制——基于五城市的抽样调查分析 [J]. 社会科学研究,（1）：112-118.

胡荣、胡康、温莹莹. 2011. 社会资本、政府绩效与城市居民对政府的信任 [J]. 社会学研究,（1）：96-117.

胡荣. 2007. 农民上访与政治信任的流失 [J]. 社会学研究,（3）：39-55.

胡泳. 2013. 众声喧哗：网络时代的个人表达与公共讨论 [M]. 桂林：广西师范大学出版社.

胡正荣. 2012. 权利表达与协商民主：辨析新媒体时代的公民网络社会参与 [J]. 郑州大学学报（哲学与社会科学版）,（6）：6-8.

黄荣贵、桂勇. 2009. 互联网与业主集体抗争：一项基于定性比较分析方法的研究 [J]. 社会学研究,（5）：29-57.

黄荣贵、桂勇. 2014. 自媒体时代的数字不平等：非政府组织微博影响力是怎么形成的？[J]. 公共行政评论, 7（4）：133-152.

黄荣贵、桂勇、孙小逸. 2014. 微博空间组织间网络结构及其形成机制：以环保 NGO 为例 [J]. 社会, 34（3）：37-60.

黄少华、武玉鹏. 2007. 网络行为研究现状：一个文献综述 [J]. 兰州大学学报：社会科学版,（2）：32-40.

姜卫玲. 2014. 微博的空间特性与新闻影响力 [J]. 新闻战线,（7）：94-96.

景跃进. 2005. 党、国家与社会：三者维度的关系——从基层实践看中国政治的特点 [J]. 华中师范大学学报（人文社会科学版）, 44（2）：9-13.

卡尔·曼海姆. 2002. 代问题 [A]. 卡尔·曼海姆精粹 [M]. 南京：南京大学出版社.

卡斯特. 2006. 认同的力量［M］. 北京：社会科学文献出版社.

赖特·米尔斯. 陈强、张永强译. 2001. 社会学的想象力[M]. 北京：生活·读书·新知三联书店.

乐媛、杨伯溆. 2009. 中国网络用户的意识形态与政治派别[J].《二十一世纪评论》，(4)：22-34.

乐媛、杨伯溆. 2010. 网络极化现象研究——基于四个中文BBS论坛的内容分析[J]. 青年研究,(1)：1-12.

李连江. 2012. 差序政府信任[J]. 二十一世纪双月刊,131(6)：108-114.

李良荣. 2012. 透视人类社会第四次传播革命[J]. 新闻记者,(11)：3-6.

李良荣、张莹. 2012. 新意见领袖论——"新传播革命"研究之四[J]. 现代传播,34(6)：31-33.

李名亮. 2012. 微博、公共知识分子与话语权力[J]. 学术界(6)：75-76.

李品. 2013. 新媒体环境下的传统媒体信任危机与解决途径[J]. 新闻传播,(3)：7-8.

李炜. 2013. 社会问题研究中的"个人困扰"与"公共议题"关系的经验研究[J]. 黑龙江社会科学,140(5)：103-108.

李亚彪. 2007. "泛娱乐化"：互联网变成另类"麻将"？[N]. 新华每日电讯,4(14).

李玉娟. 2012. 网络舆情危机的深层透视——基于社会心态的分析视角[J]. 政法学刊,29(5)：119-123.

梁莹. 2008. 媒体信任与现代公民文化的成长[J]. 学海,(5)：89-97.

梁莹. 2012. 媒体信任与公民的社区志愿服务参与[J]. 理论探讨,164(1)：19-23.

廖卫民、何明. 2013. 乌坎事件传播行动者的社会网络分析[J]. 当代传播,(3)：34-36.

廖小平. 2009. 社会转型与代际价值观的变迁[J]. 河南社会科学,04：22-26.

廖小平、张长明. 2007. 价值观代际变迁的基本规律和特点——从改革开放以来的中国社会来看 [J]. 西北大学学报（哲学社会科学版），37（5）：10-15.

刘建华. 2012. 论网络社会的政治权力转移 [J]. 广西师范大学学报（哲学社会科学版），(3)：25-28.

刘娜. 2012. 网络空间的话语抗争与议题协商——以网络事件中的公民权利议题的讨论为例 [J]. 新闻大学，113（3）：106-115.

刘岩、赵延东. 2011. 转型社会下的多重复合性风险三城市公众风险感知状况的调查分析 [J]. 社会，(4)：175-194.

刘昀献. 2009. 当代中国的政治信任及其培育 [J]. 中国浦东干部学院学报，(4)：57-60.

刘左元、李林英. 2012. 新媒体打破了以往社会分层的对话机制和模式 [J]. 新闻记者，(4)：95-95.

芦何秋等. 2011. 新浪微博中的意见活跃群体研究——基于2011年上半年27件重大网络公共事件的数据分析 [J]. 新闻界，(6)：153-156.

陆学艺. 2002. 当代中国社会阶层研究报告 [M]. 北京：社科文献出版社.

吕杰华. 2011. 新媒介使用者之竞选政见认知、政治信任与政治参与之行动研究 [J]. 资讯社会研究，(20)：1-38.

马得勇. 2007. 政治信任及其起源对亚洲8个国家和地区的比较研究 [J]. 经济社会体制比较，(5)：79-86.

马学轲. 2015. 2014年意识形态领域是个热点问题 [J]. 马克思主义研究，(2)：116-129.

毛高杰. 2012. 政务微博的"娱乐化"及其对策 [J]. 新闻界，(7)：49-52.

毛哲山. 2008. 专业技术人员阶层与其他阶层之间的关系 [J]. 人文杂志，(6)：158-164.

毛哲山. 2008. 专业技术人员阶层在社会结构中的困境和发展趋势 [J]. 人文杂志，(2)：182-186.

梅祖蓉. 2009. 中国政治信任水平测度指标及现状 [J]. 云南社会科学，(2)：5-9.

孟天广. 2014. 转型期的中国政治信任：实证测量与全貌概览 [J]. 华中师范大学学报（人文社会科学版），53（2）：1-10.

尼尔·波兹曼著，章艳译. 2011. 娱乐至死 [M]. 广西师范大学出版社.

潘祥辉. 2011. 去科层化：互联网在中国政治传播中的功能再考察 [J]. 浙江社会科学，（1）：36-43+156.

潘泽泉、李超锋. 2010. 流行语与当代中国青年社会心态变迁 [J]. 中国青年研究，（9）：19-22.

潘忠党. 2012. 互联网使用和公民参与：地域与群体之间的差异以及其中的普遍性 [J]. 新闻大学，（6）：42-53.

普特南著，刘波等译. 2000. 独自打保龄：美国社区的衰落与复兴 [M]. 北京：北京大学出版社.

戚攻. 2001. 从社会学理论域考察网络社会群体 [J]. 探索，（2）：77-80.

齐卫平. 2009. 社会转型期中国政治信任的动态建构及其路径 [J]. 中国浦东干部学院学报，（4）：48-49.

秦珠芳. 2013. "钓鱼岛事件"微博转发特点研究 [A]. 河北大学硕士学位论文.

邱国良. 2009. 政治信任与村级民主的路径以 C 县和 T 县四十个村为例 [J]. 理论与改革，（1）：25-27.

邱皓政. 2008. 潜在类别模型的原理与技术 [M]. 北京：教育科学出版社.

邱林川. 2014. 告别 i 奴：富士康、数字资本主义与网络劳工抵抗 [J]. 社会，34（4）：119-137.

裘斌. 2007. 对当前农村基层政治信任构建滞后的思考 [J]. 理论探讨，（3）：31-34.

上官酒瑞. 2011. 从人格信任走向制度信任——当代中国政治信任变迁的基本图式 [J]. 学习与探索，196（5）：68-72.

邵培仁、王昀. 2014. 转向"关系"的视角：线上抗争的扩散结构分析 [J]. 浙江学刊，（6）：199-207.

申玲玲.2013.微博话语权对现实话语空间的影响[J].新闻界,(4):49-52.

申玲玲.2012.失衡与流动:微博构建的话语空间研究——基于对新浪微博的实证研究[J].国际新闻界,34(10):18-19.

沈星旭.2011.有关韩国与中国大学生使用社交媒体的动机对社交媒体广告使用意向的影响之研究[J].广告大观(理论版),(5):26-31.

师曾志.2013.新媒体赋权:国家与社会的协同演进[M].北京:社会科学文献出版社.

孙玮、宗刚.2012.以SNS网络社区为媒介的网络结构对集体行动的影响研究[J].现代管理科学,(9):13-15.

孙昕、徐志刚、陶然、苏福兵.2007.政治信任、社会资本和村民选举参与基于全国代表性样本调查的实证分析[J].社会学研究,(4):165-245.

王海越.2009.网络过度政治化是一种非常态[N].海峡导报,4(30).

王君泽、王雅蕾、禹航、徐晓林、王国华、曾润喜.2011.微博客意见领袖识别模型研究[J].新闻与传播研究,(6):81-88.

王梦娇、陶龙琦.2013.媒体信任问题调查——以保定市为例[J].新闻世界,(3):115-116.

王全权、陈相雨.2013.网络赋权与环境抗争[J].江海学刊,12(4):105-106

王荣.2013.网络议题的娱乐化倾向[J].青年记者,7(中).

王润泽.2003.媒体信任危机的历史与辩证思考[J].国际新闻界,(6):11-15.

王向民.2009.U型分布:当前中国政治信任的结构性分布[J].中国浦东干部学院学报,(4):69-72.

王蕴峤、沈明明.2011.个别群体中存在的政治疏离感及其对策建议[J].中州学刊,(5):40-43.

王正祥.2009.传媒对大学生政治信任和社会信任的影响研究[J].青年研究,(2):64-74.

威尔伯·施拉姆等著,何道宽译.2010.传播学概论(第二版)[M].北京:

中国人民大学出版社.

魏明革.2012.基于网络的全球公共领域的建构与消解[J].当代传播,（1）：42-45.

沃尔特·李普曼著,阎克文等译,2002.公众舆论[M].上海：上海人民出版社.

伍如昕.2014.谁更幸福——代际视角下的中国城市居民主观幸福感研究[J].湖南城市学院学报,（1）：34-44.

夏雨禾.2010.微博互动的结构与机制[J].新闻与传播研究,（4）：60-69.

肖瑛.2012.风险社会与中国[J].探索与争鸣,（4）：46-51.

谢金林.2012.情感与网络抗争动员——基于湖北"石首事件"的个案分析[J].公共管理学报,（1）：80-93.

谢金林.2012.网络政治抗争类型学研究：以2008-2010年为例[J].社会科学,（12）：25-34.

谢颖.2015.自组织化的互联行动：集体行动的逻辑发展[J].理论与改革,（3）：176-180.

谢征.2012.论新媒体的公共领域构筑功能[J].求索,（10）：98-100.

熊美娟.2010.政治信任研究的理论综述[J].公共行政评论,（6）：159-186+209.

徐桂权、任孟山.2010.时评作为一种利益表达的方式：传播社会学的考察[J].开放时代,（2）：117-134.

许燕.2013.以近年热点事件及其应对为例看中国社会各阶层媒介话语重构（下）[J].新闻大学,（1）：60-68.

薛可、王丽丽、余明阳.2014.新媒体与公民参与的关系建构——基于公共领域理论视角下的环境类事件分析[J].西南民族大学学报（人文社会科学版）,（2）：171-175.

薛可、王丽丽、余明阳.2014.自然灾难报道中传统媒体与社交媒体信任度对比研究[J].上海交通大学学报（哲学社会科学版）,（4）：88-95.

闫健. 2008. 居于社会与政治之间的信任兼论当代中国的政治信任[J]. 南昌大学学报（人文社会科学版），（1）：26-31.

杨国斌. 2009. 悲情与戏谑：网络事件中的情感动员[J]. 传播与社会学刊，（9）：39-66.

尹连根. 2013. 结构·再现·互动：微博的公共领域表征[J]. 新闻大学，（2）：60-68.

尤佳、孙遇春、雷辉. 2013. 中国新生代员工工作价值观代际差异实证研究[J]. 软科学，（6）：83-88+93.

于建嵘. 2009. 利益博弈与抗争性政治——当代中国社会冲突的政治社会学理解[J]. 中国农业大学学报（社会科学版），26（1）：16-21.

于未. 2009. 新媒体与赋权：一种实践性的社会研究[J]. 国际新闻界，49（10）：79.

于未. 2011. 新媒体赋权：理论建构与个案分析——以中国稀有血型群体网络自组织为例[J]. 开放时代，44（1）：126.

余建华. 2014. 网络社会心态研究何以可能[J]. 北京邮电大学学报（社会科学版），16（5）：16-21.

袁光锋. 2015. 公共舆论建构中的"弱势感"[J]. 新闻记者，（4）：47-53.

袁淑莉、赵守盈等. 2012. 政治信任量表修订——以贵州地区为例[J]. 心理学进展，（2）：214-218.

约翰·彼得斯. 何道宽译. 2003. 交流的无奈［M］. 北京：华夏出版社.

曾繁旭、黄广生、刘黎明. 2013. 运动企业家的虚拟组织：互联网与当代中国社会抗争的新模式[J]. 开放时代，（3）：169-187.

张杰. 2013. 话语信任与网络群体建构——社会化媒体的信任机制研究[J]. 现代传播（中国传媒大学学报），（8）：115-121.

张明新、刘伟. 2014. 互联网的政治性使用与我国公众的政治信任——一项经验性研究[J]. 公共管理学报，11（1）：90-102.

张燕. 2014. 风险社会与网络传播[M]. 北京：社会科学文献出版社.

张郁、齐振宏、黄建 . 2014，基于转基因食品争论的公众风险认知研究[J]. 华中农业大学学报（社会科学版），（5）：131-137.

赵忒斐 . 2013."网络集群行为"与"价值累加"——一种集体行动的逻辑与分析 [J]. 新闻与传播研究，（8）：67-77.

赵云泽、付冰清 . 2010. 当下中国网路话语权的社会阶层结构分析 [J]. 国际新闻界，36（5）：65.

郑雯、桂勇 . 2014. 网络舆情不等于网络民意——基于"中国网络社会心态调查（2014）"的思考[J]. 新闻记者，（12）：10-15.

郑雯、黄荣贵 . 2015. 微博异质性空间与公共事件传播中的"在线社群"[J]. 新闻大学，（3）：101-109.

郑永年 . 2014. 技术赋权：中国的互联网、国家与社会 [M]. 北京：东方出版社 .

郑智勇 . 2006. 网络社会群体研究 [A]. 中国传播学论坛论文 .

钟智锦、李艳红、曾繁旭 . 2014. 媒介对公民参与的作用：比较互联网和传统媒体 [J]. 传播与社会学刊，（28）：95-119.

周灿华、蔡浩明 . 2007. 网络受众的构成状况及心理需求刍议 [J]. 现代视听，（7）：14-17.

周辉 . 2009. 互联网时代构建行政权合法性的新路径——互联网与参与式民主 [J]. 网络法律评论，（1）：84-94.

周晓虹 . 2009. 中国人社会心态六十年变迁及发展趋势 [J]. 河北学刊，29（5）：1-6.

周怡 . 1993. 代沟与代差：形象比喻和性质界定 [J]. 社会科学研究，（6）：76-78.

周永明 . 2009. 互联网与民主：西方中国网络研究的政治化 [J]. 二十一世纪，（4）：4-12.

周裕琼、齐发鹏 . 2014. 策略性框架与框架化机制：乌坎事件中抗争性话语的建构与传播 [J]. 新闻与传播研究，（8）：46-69.

后 记

《寻找网络民意：网络社会心态研究（第一辑）》一书即将出版，我们不禁想起本书的源头与前身——"中国网络社会心态调查"发布时的场景。

那是2014年，"中国网络社会心态调查"发布，《新华每日电讯》头版，《人民日报》评论版、文化版均有报道或评论，央视新闻微博微信多条10万+推送，中国国际广播电台、《CHINA DAILY》等媒体大篇幅报道，《中国青年报》要闻版、《东方早报》整版、澎湃新闻多篇大稿首页推送，《南方人物周刊》、《南风窗》跨版报道，新浪、搜狐、网易、腾讯等主流门户首页栏目头条推送；还有普林斯顿大学、《南华早报》、《华尔街日报》、路透社等科研机构和媒体来信来函洽谈合作；多家高水平CSSCI期刊组稿刊出学术论文。项目学术成果也获得了包括中国新闻奖、上海新闻奖、上海新闻论文奖、上海哲社优秀成果奖等诸多荣誉。

历时一年多完成的2014年的调查，实现了学术影响力、社会影响力、政策影响力的三丰收，这对于当时的我们来说，是未曾想过的惊喜。现在回想起来，网络社会心态调查之所以能够脱颖而出，因为有那么一群人，以极大热情投入在这件事上，希望通过自己的努力，离活生生的网民真实的世界近一些、更近一些；离民意近一些、更近一些；离转型中国现实社会和网络社会的互构近一些、更近一些……

2014年与2015年，我们采用人工方式，对分布在36类社会群体的数千名网络用户长期跟踪分析，这办法很"不时尚"，但是却很管用。当时，每位团队成员手机里跟了100多个人，每天都要花2个多小时来关注自己手机那些网络用户，可以说，对这些人的脾气、品性、价值观了若指掌。2016年以后，我们开始采用机器学习的方法，对数亿条网络数据进行深度分析，为每一个社会心态深度指标都建立了近万条的人工编码库。为配合线上数据挖掘，我们还推进了1000名中国人的线下深度访谈，从80后厅局级干部、资产数亿的女强人，到退伍创业的军人、深夜唱歌的网红，光访谈记录就整理出近2000万字。我们努力在用心践行网络社会与现实社会的互构，用心尝试以人为本、以网民为核心的研究旨趣。我们希望，经过数年、数十年的积累，能够留下一些有历史沉淀的资料，也为时代留下一些活生生的、有血有肉的记录。

这本书即将问世，感谢复旦大学、复旦发展研究院各级领导的大力支持和复旦大学发展研究院灵活高效的学术机制，我们的研究因此有了最重要的基础保障；感谢复旦大学传播与国家治理研究中心主任李良荣教授，您的敏锐和智慧是网络社会心态研究的灵魂；感谢辛艳艳、李博璠、杨媛、刘合潇、郭文丰、方师师、余慧，你们是在我们没资源的情况下，第一批参与项目的成员，没有你们的付出和贡献，就没有网络社会心态研究团队。此外，李秀玫、马卫红、朱逸也参与了本书的部分撰写工作，在此一并表示感谢！

《寻找网络民意：网络社会心态研究（第一辑）》是一次尝试，尽管它尚有改进的空间，但这是我们诸多尝试中小小的一步，我们也会坚持下去，继续第二辑、第三辑的尝试。请学界同仁不吝赐教，我们真诚期待你们的批评与指正！

郑　雯　桂　勇　黄荣贵

2017年9月13日于复旦大学